OUTSIDE INSIGHT

［挪威］约恩·里塞根 / 著
Jorn Lyseggen

王正林 / 译

**NAVIGATING
A WORLD
DROWNING
IN DATA**

中国经济出版社
CHINA ECONOMIC PUBLISHING HOUSE
北 京

Outside Insight: Navigating a World Drowning in Data by Jorn Lyseggen
Copyright © JORN LYSEGGEN, 2017
This edition arranged through BIG APPLE AGENCY,INC.,LABUAN,MALAYSIA.
Simplified Chinese edition Copyright © 2020 by Grand China Publishing House
All rights reserved.

No part of this book may be used or reproduced in any manner whatever without written permission except in the case of brief quotations embodied in critical articles or reviews.

本书中文简体字版通过 Grand China Publishing House【中资出版社（中国香港）】授权中国经济出版社在中国（不含港澳台地区）出版并独家发行。未经出版者书面许可，本书的任何部分不得以任何方式抄袭、节录或翻印。

北京市版权局著作权合同登记号：图字 01-2020-1130 号

图书在版编目（CIP）数据

数据化决策 2.0 /（挪）约恩·里塞根（Jorn Lyseggen）著；王正林译 . -- 北京：中国经济出版社，2020.6

书名原名：Outside Insight

ISBN 978-7-5136-5473-9

Ⅰ.①数… Ⅱ.①约… ②王… Ⅲ.①企业管理－数据管理 Ⅳ.① F272.7

中国版本图书馆 CIP 数据核字（2020）第 025646 号

作　　者：	[挪威] 约恩·里塞根
译　　者：	王正林
策　　划：	中资海派
执行策划：	黄　河　桂　林
责任编辑：	耿　园
责任校对：	李若雯
特约编辑：	钟天鸣　羊桓汶辛　林　晖
责任印制：	胡小瑜
出版发行：	中国经济出版社
印 刷 者：	深圳市雅佳图印刷有限公司
经 销 者：	各地新华书店
开　　本：	787mm×1092mm　1 / 32
印　　张：	9
字　　数：	208 千字
版　　次：	2020 年 6 月第 1 版
印　　次：	2020 年 6 月第 1 次
定　　价：	68.00 元

广告经营许可证　京西工商广字第 8179 号

中国经济出版社　网址 http://www.economyph.com　社址 北京市安定门外大街 58 号　邮编 100010
本版图书如存在印装质量问题，请与本社销售中心联系调换（联系电话：010-57512564）

版权所有　盗版必究（举报电话：010-57512600）
国家版权局反盗版举报中心　（举报电话：12390）　　服务热线：010-57512564

献给凯与伊兹

\

你们的诞生,对我来说就像中了宇宙乐透一样。

\

我真的以你们为傲。我爱你们。

融文集团（Meltwater Group），全球领先的软件即服务（Software-as-a-Service，SaaS）供应商，世界上最大的媒体智能公司之一。专注于网络媒体监测软件服务，致力于帮助品牌从海量数据中提取有效信息并挖掘深度观点，从战略层面提升品牌影响力。

融文是全球媒体情报先驱，而现在，外部数据洞察（Outside Insight）更将赋予各大公司宝贵的信息优势，助它们先人一步。目前，超过3万家公司正在使用融文的媒体情报来追踪几十亿次的线上对话、提取相关信息，以战略性地管理它们的品牌。融文在全球6大洲拥有55个办公室。

此外，通过融文的泛非洲企业家计划和孵化器MEST，以及全球数据科学社区Shack15，融文还致力于培育一个数据科学的生态系统。

OUTSIDE INSIGHT **序**

外部信息在决策中的潜力,超乎你的想象

2001年的夏天,我独自抽身创立公司,试着以旁观者的视角找出并跟上未来几年将会重塑世界的宏观趋势。我发现了一项非常令人着迷的趋势,那就是网络信息的爆炸式增长。海量的信息淹没了我们,但人工的方式已经难以对这些信息进行检阅和整理。显然,想要解决这个问题,就要开发出一款软件来自动追踪并分析所有数据。

这就是融文集团创立的初衷。我们只有两个人和一台咖啡机,就在挪威奥斯陆的一个小棚屋,以1.5万美元的创业资金成立了公司。在我们的期待中,公司高管和决策者们早上到达办公室喝完一杯咖啡,我们的软件就会提供一份关于过去24小时内全球商业活动的简报,好让高管们能够迅速掌握关于竞争对手、重点客户以及自家品牌的重大新闻。我们的口号是"运用充足的资讯,作出明智的决定(informed decisions)",我们想帮助管理者们善用能在网络中获取的事实数据,而非仅仅信赖传统资料。

当时,我们并没有意识到自己碰巧发现的宏观趋势会发展到多大的规模。起初,我们的工作集中在网络新闻与企业网站,后来社

交媒体突然兴起,脸书(Facebook)创设于2004年,推特(Twitter)创设于2006年,博客在2007年左右开始受到关注。它们每天都会带来数十亿份值得分析的文件,这让业界不得不去寻求一种新的软件系统。如今,智能算法、自然语言处理(natural language processing,NLP)、机器学习(machine learning)和大数据技术都被用来分析网络新闻和社交媒体中的信息,这是我们在2001年绝对想象不到的事。

多年来,融文集团已经发展为一家国际企业,企业客户超过2.5万家,遍及上百个国家。我们的客户从中型企业到跨国公司,从可口可乐到梵蒂冈,世界财富500强企业中有五成接受过我们的服务。我们已经从当初的小公司发展成了拥有1 400名员工,在6大洲设有55个办事处的大企业。

我们也从客户身上学到了不少利用外部数据的绝妙办法。除了衡量客户满意度等常见的方式外,还有各种出人意料的实践方式。奥斯陆大学(University of Oslo)利用我们提供的服务计算了挪威文中"番茄酱"(ketchup)一词的新拼法用了多久才固定下来;瑞典南部的一家门窗销售公司追踪了当地有关盗窃案的新闻报道,以取得销售机会;某个欧洲国家的政府机构分析网络聊天群组,调查潜在的非法交易行为。

几年下来,我们通过和全球各地的客户合作,看到了它们从外部数据中萃取出的价值,也逐渐了解到外部信息在决策中的潜力,我们甚至还没有发掘出它的冰山一角。

消费者和组织正以前所未有的速度生产着网络内容。消费者越来越投入于社交媒体之中，组织也欣然将网络作为新的战场，用来推广品牌、推销产品、招募人才，并在增加网络投资的同时参与网络内容的制作。网络内容越来越丰富，比以往更为复杂和完善的商业洞察也就由此而生。

我认为，就企业决策而言，我们正处在巨大转变的最前线。在未来几年，利用网络数据的方式会给高管、董事会和公司带来巨大的改变。

这些都是令人难以置信的情境，也绝对超出我在2001年成立融文时的所有预料。全球资讯网站和社交媒体的崛起，让网络成了商业情报与数据洞察的宝库。至今，这些数据仍有大半没能被充分利用。只有那些能快速地应时而变、应时而动的公司，才能在这样快节奏、强竞争的环境中胜出。其中最关键的一点，就在于其能否善用外部数据实现洞察的目的了。

约恩·里塞根

2017年3月，旧金山

OUTSIDE INSIGHT 前言

将整个产业的动态纳入你的视野

2016 年 4 月 25 日，负责撰写硅谷生态环境新闻的科技博客"Venture Beat"报道，苹果公司（Apple）在公布第一季度财报的当周解雇了所有招聘顾问。此举被视为不祥的预兆，苹果在隔天公布了财务数据，表明营收下滑了 13%，这是 13 年来苹果首次出现负增长。随即苹果的市值蒸发了 58 亿美元，几乎等同于德国宝马汽车公司的市值总额。

本书将描述企业与大众在网络上留下的具有洞察价值的信息，即所谓"数字面包屑"（digital breadcrumbs，在互联网中，数字面包屑为用户提供了一种追踪返回最初访问页面的方式，告诉访问者他们目前在网站中的位置以及如何返回。——译者注）。招聘广告、社交媒体、博客、专利申请都是具有远见的信息来源，这些信息能够让我们了解到一家公司的投资情况、用户满意度以及公司未来的市场地位。这些信息有着显而易见的价值，却往往没能得到充分利用。本书将会用实例来表明，那些确实注意到这种新资料类型的人，将会更加明确地把握自己身处的竞争局势，并取得其他对手难以企及的优势。

公司决策的新典范：从外在数据洞见竞争趋势

本书将提及许多早已开始运用外部数据洞察的组织，详细地讲述它们如何改善决策方式，并取得竞争优势。

纽约警局的脸书监测小组能够利用脸书中的信息，在没有任何目击者的状况下，追查帮派斗争中杀害无辜青少年的犯人并将其定罪。

优兔（YouTube）早期将自家与竞争对手的媒体报道进行对标，了解自己的品牌吸引力。媒体提及优兔的次数在早期就遥遥领先，这预示着优兔会在网络视频领域成为赢家。

美国零售商 RaceTrac 利用外部数据，提高了营业额预测的准确度。该公司抓取了通常不会被列入预算考量的外部领先指标，减少了 15% 的预测误差。

瑞典手表品牌丹尼尔·惠灵顿（Daniel Wellington，DW）使用照片墙（Instagram）作为主要的营销平台，仅用 4 年就从一家微不足道的公司，摇身一变成为销量超过劳力士的知名品牌。丹尼尔·惠灵顿动员客户成为自发的品牌大使，充分展现了新一代品牌"善于社交"的特点，也完全发挥了在现在的网络世界爆红的潜力。

印度国产通信软件 Hike Messenger 用了不到 3 年的时间，用户数超越脸书，成为印度第二受欢迎的通信软件，仅次于瓦次普（WhatsApp）。它的秘密武器就是精准的社交媒体分析工具。分析的结果会反馈给产品研发部门，用以开发新的功能。

殷拓集团（EQT PARTNERS）是欧洲投资界的巨头，它们打造了先进的数据科学工具"母脑"（Mother Brain），用以找出拥有潜力的初创公司，而它的基础便是包括招聘广告、媒体报道和社交媒体讨论内容在内的数字面包屑。殷拓集团希望能够运用先进的软件，通过监测网络资讯，比竞争对手更早地找到欧洲最具前途的新创公司。

社交媒体也能用于预测选举结果。2016年，融文集团准确预测了英国脱欧公投的结果，以及特朗普在大选中的胜出。传统民意调查在上述两项调查中都获得了相反的结果，这表明网络分析能够更准确地分析局势。

大多数公司至今仍没有系统性地运用外部数据，反而更加专注于对公司财务数据等内部数据的分析。这样的经营方式是十分被动的。内部数据是历史事件的最终结果，只根据上一季度的财报来经营一家公司，就好比只看着后视镜开车一样。

本书的主要观点是，为了适应全新的数据时代，决策的方式也要进行大幅度的革新。网络改变了我们的生活方式，但企业的决策方式却依旧停滞不前。

本书提出了一种新的决策典范，称为"外部数据洞察"，这个方法要求公司密切关注并分析公司生态环中的竞争对手、客户、供应商以及其他参与者在网络中留下的数字面包屑，重点关注预期将出现的竞争局势的变化。

这种决策方法脱离了KPI、财务数据、年度计划和季度财报等旧有的典范，将决策重点从企业自身转向了产业发展，并实时地关注市场发生的改变。

高管必备的新工具:"外部数据洞察"软件

为了分析网络中海量的数据,一种全新的软件将应运而生。这种软件之于外部数据,就如同商业智能(business intelligence,BI)软件之于内部数据。在本书中也称作"外部数据洞察"。

商业智能主要关注的是个别企业的运营指标,这些数据大多是落后的,而外部数据洞察则更关心竞争局势的即时变化,使企业能够更好地预测将会出现的威胁与机会。

上述两种软件需要的数据类型差别巨大,商业智能软件需要的数据大多是结构化的表格与数字,而外部数据洞察软件则必须分析文本,并要在大量非结构化的数据中寻找模式。因此,外部数据洞察软件相当依赖大数据、机器学习和自然语言处理的技术。

外部数据洞察将成为公司高管手中更具深度的管理工具。有了它,高管们能够将眼光放远,不再仅限于自家公司数据,而是能够实时了解整个产业的发展。借助云端和现代数字科学技术强大的运算能力,所有能够造成影响的外部因素都会被量化并分析,实际运用到波特的五力(Porter's five forces,由迈克尔·波特在20世纪80年代初提出,又称波特五力模型,五种力量分别为供应商的议价能力、购买者的议价能力、新进入者的威胁、替代品的威胁、同行业竞争的竞争程度。——译者注)分析中。

我写下这本书,是因为我相信外部数据洞察会以企业的策略与决策为核心,构建出未来几十年的思维模式。外部数据洞察从被大部分人忽视的数据中汲取了具有远见的宝贵洞察,所有的数据都来自第三方,不会受到企业内部意见的影响。利用这些数据与竞争对手进行实时的对标,能够为运营团队、管理层甚至整个公司创造出惊人的价值。

我们生活在一个被数据淹没的世界,但大量的数据仍然被忽视。我们可以选择继续忽视这些数据,甚至可以把它们当作噪声过滤出去,但也可以把它们视为新的机会好好利用。分析网络中的外部数据,能够找到在内部资料中难以找到的宝藏,帮助我们更好地决策。我相信在未来的几年内,大多数企业将别无选择,只有愿意投入成本运用外部数据洞察的公司,才能够做到与时俱进。

本书的第一部分将会描述新的数字时代出现的改变,以及如何从新的网络数据类型中发掘具有远见的洞察。

在第二部分中,我们会探讨当你能够运用产业的实时数据时,决策环节会发生的改变。

第三部分会提供目前使用外部数据洞察的简易入门架构,并概述每一阶段如何具体运用外部数据洞察。这一部分也会包含行政决策、营销、产品开发、风险管理与投资中运用外部数据洞察的实例。

第四部分将阐述当下亟待解决的技术难题,对新的数据类型作出展望,同时也提及外部数据洞察普及后可能出现的问题。

外部数据洞察尚处于萌芽阶段,在发挥它的全部潜力之前,我们还有很多东西要学习。本书包含了很多创新企业活用外部数据洞察的成功故事。

我希望本书能够启发读者，以更系统的方式，善用外部数据。也希望本书能够让企业在决策方式的革新上迈出第一步，揭开适应新的数字时代的序幕。

OUTSIDE INSIGHT 目录

01 第一部分
外部数据：商业竞争的新战场

区区一张照片为何会暴露你的地址？为什么竞争对手有时会比你的动作更快？柯达和黑莓又是为何突然间退出了历史舞台？在这个被数据淹没的世界中，懂得利用外部数据，你掌握的优势可能会比你想象的还要多。

第 1 章
巨大的商业情报库：数字面包屑
2

- 脸书上的线索足以锁定真凶 4
- 公司的发展战略如何被招聘广告泄露？ 5
- 出差在外，少发动态 10
- 官网是商战中的情报宝藏 11
- 社交媒体在透露品牌的战略焦点 13
- 网络广告支出同样值得分析 15
- 在谷歌中刺探对手的实力 17
- 别忘了专利申请、信用评级和诉讼信息 20
- 神奇的"注脚"：苹果的历史藏在新闻通稿里 22

第 2 章
数据驱动的决策仍有局限
29

- 过度依赖 ERP 系统是危险的 32
- 内部数据并不总是客观可靠 33
- 是什么导致了黑莓的消亡？ 36

I

第 3 章
挖掘外部数据才是着眼未来
43

公司决策中最大的盲点　45
柯达公司是怎样没落的？　46
脸书如何摆平潜在竞争者？　52

第二部分
公司的决策方式会如何变化？

当某地即将迎来一场飓风时，人们一般会预测手电筒、蜡烛、瓶装水等产品会在当地大卖。但沃尔玛将气象数据与公司的内部数据结合起来后，获得了令人意外的发现。

第 4 章
新的数字时代，新的决策典范
58

是不是该放弃 KPI 考核了？　62
决策方式将不同于以往　63

第 5 章
外部数据的重要性
71

迈克尔·布瑞预见了次贷危机　71
各国政府为金融危机收拾残局　75
雷曼兄弟的破产　79

第 6 章
实时的价值
84

可口可乐：保证果汁的口味稳定　92
沃尔玛：飓风来临时，你其实更需要草莓饼干　94
通用电气：用实时数据减少航班延误　96

第 7 章
对标：看清你的真实处境
99

只有进行对比，数据才有价值　101
品牌竞争力不是凭空出现的　103
对标让公司的缺点无处可藏　104
把握住优势，才能够在竞争中站稳脚跟　105
对标，让你"透视"整个行业　109

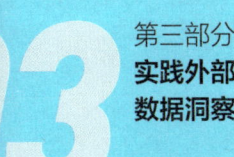

第三部分
实践外部数据洞察

智能手机市场是世界上竞争最激烈的市场之一。黑莓、诺基亚、索尼、爱立信和微软都曾投入数十亿美元,但却都铩羽而归。一加手机进入这个市场,就好比圣经中的大卫要与巨人歌利亚搏斗。它到底有怎样独特的手段呢?

第 8 章
大数据时代的决策方式
112

管理层如何实践外部数据洞察　115
A 阶段:理解竞争格局　117
B 阶段:将外部数据洞察整合进内部流程　124
C 阶段:内部数据不再是核心议题　129

第 9 章
如何用外部数据洞察进行营销?
133

大数据时代的营销策略　134
当营销成为数据测算:奥巴马的竞选活动　136
社交媒体是公司营销的"主战场"　140
丹尼尔·惠灵顿动员意见领袖为其推销　141
一加手机是如何挑战 iPhone 的?　144
学会利用社交媒体和品牌倡导者　148

第 10 章
让客户为你研发产品
155

历史上靠发动大众解决的技术难题　157
开源软件让公司受益无穷　159
星巴克、乐购、IBM 用众包促进产品研发　163
用竞赛带动创新　166

第 11 章
风险管理:让数据为企业护航
172

用外部数据实时评估风险　176
密切关注客户的发展状态　179
苹果怎样监测供应链与合作伙伴的风险?　180
分析外部信息,提前辨别高风险客户　181
规避激进投资者　182

第 12 章
投资中的外部数据洞察
185

殷拓集团打造"母脑"系统协助投资　187
社交媒体：股市晴雨表　189
人工智能也要参与投资决策？　191
詹姆斯·西蒙斯用公式跑赢市场　192

04 第四部分 在数据海洋中扬帆远航

我们今天拥有海量的数据，和我们未来将拥有的相比，只是极少部分。数据的数量还会继续增加，我们可以得到更多的洞察。如果我们的技术也发展到了能够轻松应对海量的数据的程度，那将会是怎样一番景象？

第 13 章
新的决策工具：外部数据洞察软件
200

外部数据洞察软件会经历与 ERP 系统相同的发展历程　203

第 14 章
要解决的难题
207

如何将大数据与预测分析整合到决策过程中？　207
让计算机理解语言　210
运用数据科学处理复杂数据　212
排除统计数据中的噪音　215
怎样给所有的数据建立关系？　217

第 15 章
全新的数据来源
222

用卫星建立商业洞察　222
整个地球的图像数据库　224
特拉贝拉为企业提供卫星图像数据　225
物联网的普及　226

第 16 章
外部数据洞察带来的问题
230

心理测量可能会被滥用 232
2016 年美国总统选举引发的隐忧 234
隐私将要成为历史 235
算法会不会引发歧视与迫害？ 236
假新闻！ 238
新时代的开端 239

第 17 章
洞悉外部数据，我们会得到什么?
240

董事会能够掌握更多信息 241
公司决策将彻底转向前瞻式 242
行业动态会成为公司的关注焦点 243
外部数据洞察：了解外部世界的窗口 244
新的技术，新的问题 245

致谢　246

资料来源　250

第一部分
PART 1

外部数据：
商业竞争的新战场

区区一张照片为何会暴露你的地址？
为什么竞争对手有时会比你的动作更快？
柯达和黑莓又是为何突然间退出了历史舞台？
在这个被数据淹没的世界中，
懂得利用外部数据，
你掌握的优势可能会比你想象的还要多。

第 1 章 巨大的商业情报库：数字面包屑

2014年7月，当时任职于美国佛罗里达州立大学的艺术教授欧文·芒迪（Owen Mundy）推出了一个名为"我知道你的猫在哪儿"（Iknowwhereyourcatlives.com）的网站，由此一夜之间成为网络红人。他推出这个网站的初衷，是为了做一个数据实验，运用世界各地宠物猫主人们不经意间提供的元数据（metadata）来精确定位宠物猫的位置。芒迪教授估计，当前，照片墙、Flickr 和 Twitpic 网站上有超过1 500万张照片被标记为"猫"。这些照片的拍摄者浑然不知的是，数码相机和智能手机在每张照片中都嵌入了经度和纬度坐标。

芒迪教授意识到，如果社交媒体用户不通过适当的隐私设置来保护自己，任何人都可以访问这些照片的地理坐标。他说："这不只是我的问题，这是数百万毫不知情的社交媒体用户的问题。" Iknowwhereyourcatlives.com 上线时，使用了100万只宠物猫的快照，照片定位的误差不到8米。网站一经推出，迅速走红，如今，该网站上有530万张宠物猫的照片。

在网络上留下数据痕迹的，不只有这些网红宠物的主人们。我们生活在数字化的世界里，每个人都会在网上留下大量的数字面包屑，但不像《奇幻森林历险记》（Hansel and Gretel）的主人公汉塞尔和格莱特，我们往往是无意中留下它们的。

互联网上充斥着海量照片。2015年6月，照片世界（Photoworld，欧洲最大的照片公司CEWE的一部分）估计，在色拉布（Snapchat）网站上每秒钟分享的照片达8 796张。根据同一份报告，照片墙和脸书的用户每天分别会上传5 800万张和3.5亿张照片，更别提微博、瓦次普、汤博乐（Tumblr）、推特以及一大批照片分享网站。2016年，在备受期待的年度《互联网趋势》（Internet Trends）报告中，硅谷风险资本家、凯鹏华盈公司的玛丽·米克尔（Mary Meeker）指出，2015年大众平均每天向互联网上传32.5亿张数字照片。如今，全世界网民人数约为30亿，那意味着平均每人每星期上传了7.6张照片。

不只是照片，我们还在网上留下了大量关于生活点滴的数字面包屑。我们在推特上发推文时，就分享了我们在哪里、和什么人在一起、在做什么等信息。我们在领英（LinkedIn）上列出自己的受教育情况和工作简历。我们在脸书上将我们去的地方、听的音乐、喜欢的品牌、支持的组织、拥护的事业、喜欢吃什么和将来打算参加的活动等信息全都公之于众。除了主动产生和公开发布的信息，手机中的各种App也会记录我们的位置、和什么人打电话和发短信、怎样消磨时光和如何消费等信息。

我们每天发送5亿条推文，向脸书上传3.5亿张照片并点击57.6亿次"赞"，写1亿个博客帖子并在视频分享网站优兔中上传长达43.2万小时的视频。仅仅在推特和脸书上，我们平均每周就分享了 12 项信息。每一项信息都是一种可以公开使用的记录，记载着我们在哪里、要干什么。

在本章中，我们将看看通过分析每个人在网上留下的面包屑，可以获得怎样的洞察。

脸书上的线索足以锁定真凶

人们在互联网上留下的大量信息，早已引起了警方的注意。警方越来越多地运用数字线索来弥补缺失的信息，将数字面包屑作为办案时的有效参考。10 年前，侦探们通过询问目击者和审讯嫌疑人来调查犯罪案件，但人们未必会说实话，也不一定会记得所有细节；今天，数字面包屑可以让警方发现决定性的证据。

2013 年 6 月，纽约市警察局（New York Police Department, NYPD）的一个调查小组通过对脸书的监控，给杀害泰莎娜·墨菲（Tayshana Murphy）的凶手定了罪。墨菲是个 18 岁的女孩，在两个团伙爆发的一场纠纷中被歹徒抓住并杀害。整个事件没有目击证人，但纽约市警察局从脸书上的数字面包屑中找到了强有力的证据。如果换作 10 年前，这起案件的结局也许会完全不同。

案发当天，卡洛斯·罗德里格斯（Carlos Rodriguez）的脸书账户上贴出了两条消息。此人与一个帮派有关，该帮派就在受害人墨菲生活的格兰特公寓附近活动。他的第一条消息是："我们一天中打了 5 场架，然后离开了。"第二条消息说："有人爆了胆小鬼的头。""胆小鬼"正是墨菲的绰号。

虽然该案没有真正的目击证人，两名男子还是被定罪了。2013年6月，24岁的泰夏安·布洛金顿（Tyshawn Brockington）被判二级谋杀。10个月后，23岁的罗伯特·卡特根那（Robert Cartagena）被以故意杀人罪定罪。

在卡特根那被判入狱后，人们发现监控社交媒体对纽约市警察局的调查至关重要。2014年6月，曼哈顿地方检察官赛勒斯·万斯（Cyrus Vance）发布了纽约市有史以来对帮派提出的最大规模的诉讼案。当局对来自晨边高地（Morningside Heights）地区的3个团伙共103名成员提出控告，指控的罪名包括2人涉嫌杀人、19人涉嫌非致命枪击，还有50起涉及枪击的其他案件。所有被告都被指控策划实施帮派攻击，属一级犯罪，这一指控的刑期是5年到25年。

为了搜集证据，检察官和调查人员遵循了一般调查的固定程序，包括暗中走访目击者和其他消息提供者、监听从监狱打出的4万个电话、梳理数百个小时的监控录像和电话录音。他们还开展了一项如今正日益普及的新型治安工作：审查超过100万个社交媒体页面。在该案的起诉书中，"脸书"一词被提到171次。

公司的发展战略如何被招聘广告泄露？

留下数字面包屑的不止个人，公司也一样。各公司在投资新产品、举办营销活动、建立合伙关系时，也会在网上留下关于它们战略意图的蛛丝马迹，而且这些痕迹可供所有人免费使用和分析。

我们在融文集团开展了一个小型项目，研究如何从招聘广告中提取公司间的竞争信息。我们分析了融文集团与业界另外 3 家媒体情报公司——Cision、沃开思（Vocus）以及律商联讯（LexisNexis）从 2013 年 9 月 15 日至 10 月 15 日在领英发布的所有招聘广告。我们按地理位置、招聘的职位类型以及对应聘者经验的要求来对数据进行分类，结果惊讶地发现，仅仅是剖析这 4 家公司的招聘模式，便找到了大量关于战略、运营焦点以及"企业 DNA"（最早由美国管理大师、密歇根大学商学院教授诺埃尔·蒂奇提出，他把企业比喻为一种活的非自然生物体，与生物一样有自己的遗传基因。——译者注）的信息。

这些数据透露的第一个事实是增长速度的差别。融文集团、Cision 和沃开思当时的规模大致相当，但融文集团发布的招聘广告数量比另两家公司多出 2 倍还多，这表明融文集团的增长势头明显更强劲。沃开思和律商联讯的公开招聘数量相差不大，意味着两家公司的增长速度也比较接近。律商联讯的规模大约是融文集团的 20 倍，但发布的招聘广告数量与融文集团相当，其增长速度显然慢得多。

研究 4 家公司在不同地理区域发布的招聘广告，还能发现它们采用的市场策略迥然不同。Cision 只在美国招聘，明显以美国为发展中心。沃开思的大多数招聘广告也面向美国发布，但也有少数面向菲律宾。这让我们大感惊讶。后来我们了解到，沃开思为了削减成本，将某些基础工作外包给了菲律宾。律商联讯有 2/3 的招聘广告在美国发布，其余的面向澳大利亚、加拿大和中国香港等使用英语的国家和地区。融文集团的招聘模式截然不同。我们在美国招聘的职员最多，同时面向许多其他国家招聘，在澳大利亚、加拿大、中国内地、法国、日本、马来西亚、荷兰、新加坡和英国都发布了招聘广告。从数据中可以清楚地看出，融文集团的运营比同行业其他公司更加全球化（见图1.1）。

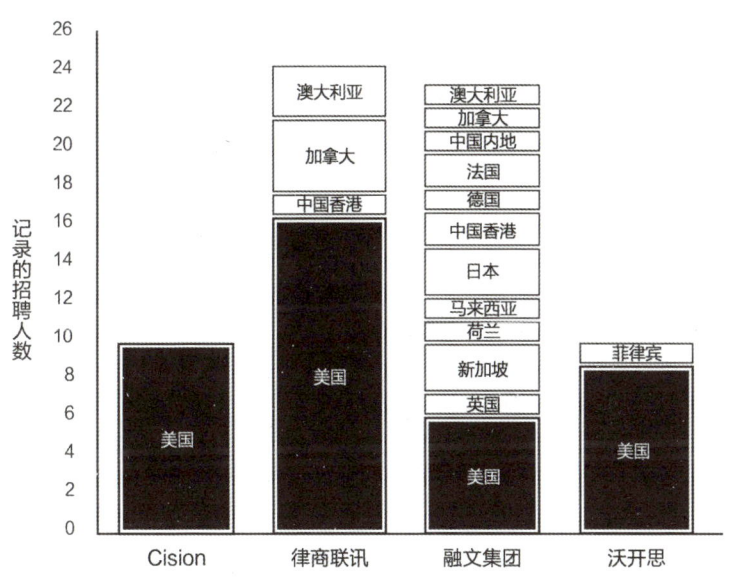

图 1.1　按地理区域对比招聘模式

在对招聘广告的研究中，我们发现了一个有趣的新模式。融文集团、沃开思和 Cision 大部分的招聘岗位是销售和市场营销，分别占各自招聘岗位总数的 80%、80% 和 60%，但律商联讯在这方面比较落后，占比仅有 44%。融文集团聚焦于增长的策略一览无余，因为我们发布的招聘销售与营销人才的广告数量，几乎抵得上其他 3 家公司的总和。而 4 家公司在工程设计人才上的投入的排名完全相反。律商联讯发布的招聘这类人才的广告数量和其他 3 家公司的总数相当，这表明它们正在投资开发新产品（见图 1.2）。

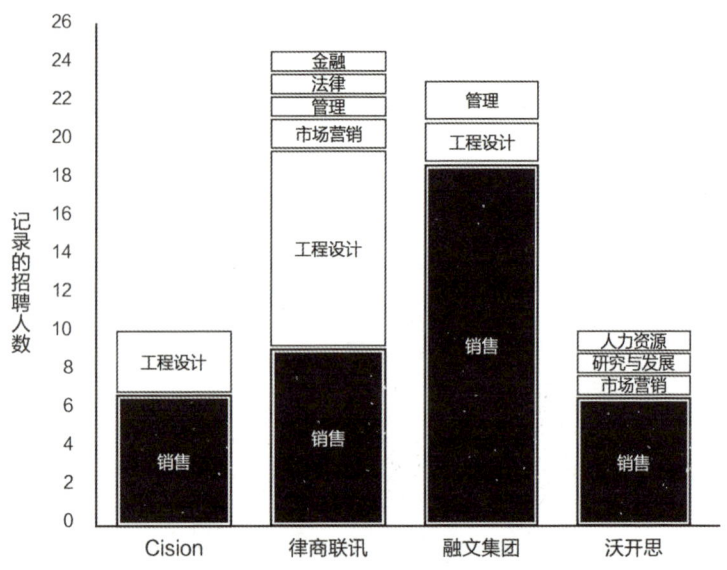

图 1.2　按职位类型对比招聘模式

分析招聘广告中对求职者工作经验的要求，又可以发现更多差异。沃开思和 Cision 两家公司较为平均地招聘拥有不同工作经验的职员。融文集团主要招聘入门级职员，而律商联讯几乎只招聘中高级管理人员。将律商联讯重点招聘中高级管理人员的数据与它们在产品研发上的投资的数据结合起来，可以看出它们正在经历变革。

后来我们也证实了,律商联讯当时正在研发一个具有战略意义且覆盖全公司的新技术平台,为其未来的内容生产提供强大动力(见图1.3)。

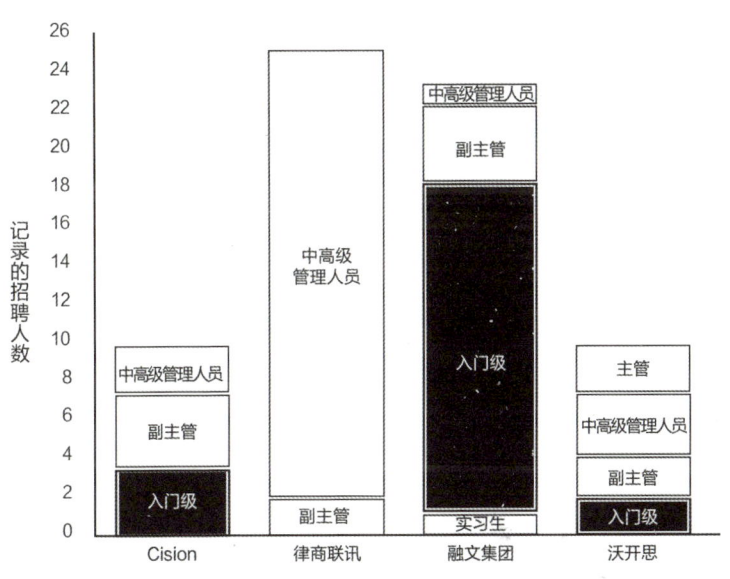

图 1.3 按工作经验对比招聘模式

上述研究仅仅是基于某个特定时间点的数据情况进行的。即便如此,其结果也明确反映了4家公司不同的发展前景。

招聘广告的价值不只体现在商业竞争的情报上。想象一下,如果你同时分析你的关键客户、重要供货商以及业内其他重要的利益相关者的招聘广告会是怎样的情形?招聘广告能以一种系统的、严谨的方式,帮助你了解竞争对手情况如何、应当在什么客户身上投资、该选择哪些供应商以及与哪些公司合作。

出差在外,少发动态

公司的另一种数字面包屑,源自公司内部人员在诸如领英、脸书等社交网络中建立的联系。如果你知道某家公司的首席执行官(CEO)突然在领英与众多收购型公司频繁联系,那当你听说这家公司将被收购时,就无须大惊小怪了。假如他联系的是高盛集团(Goldman)和摩根大通(JP Morgan),那就应该是在筹划首次公开募股(initial public offering, IPO)。在领英上,一个新的连接代表你与某位新客户、新合作伙伴或新雇主建立了关系,这种关系尚处在早期阶段,可能只是晚餐会上的一次见面。若是你与某家公司在领英上有了更多的互动,那就预示着你将与该公司频繁接触,不再是偶遇那么简单。

我有意尽可能谨慎地使用社交媒体。例如,最近我正在评估要不要以融文集团的名义收购一家来自乌拉圭的数据科学初创公司。几个月前,该公司的几位创始人在领英上与我取得了联系。我当时不太情愿,但为了不显得失礼还是接受了邀请。我们与公司高管举行了面谈,内容主要是评估一项有可能外包的工作。这件事本身并不是一个高度敏感的话题;但假如有人发现了我们之间的这种关系,随后认真研究那家初创公司,便会发现它以一个数据科学平台为中心建立了一个成功的开发者社区。如果这个举动重要到融文集团的高管都参与其中,那就不难推断出,依托数据科学平台建立一个开发者社区可能是融文集团重要战略路线的一部分。

深入了解乌拉圭的这家公司后,我们决定探索完全收购这家公司的可能性。为了开展尽职调查（due diligence，是指企业在并购时，买方企业对目标企业进行的经营现状调查。——译者注），我用了整整16个小时从旧金山飞赴乌拉圭首都蒙得维的亚，去访问这个30人的团队。出差期间，我多留了个心眼，没在推特或脸书上发布我的位置。在此期间我们拍了几张合影，但没有人将照片发布在社交媒体上。这趟旅程前后，每每谈到这次出差，我都谨言慎行，有意模糊我们真正的行踪和意图。

官网是商战中的情报宝藏

公司的官方网站显然是了解公司内部情况的好地方。在网站上，你可以了解公司在重大客户身上取得的胜利、赢得的奖项以及其他重要成就。同样，高管团队的任何变化，都能在网页上一览无余。

公司使用其网站来与客户分享各种正面的更新消息。在此过程中，也会无意中向竞争对手和供应商透露这些信息。

2001年，我们创办融文集团时，我们最大的卖点之一是能让客户实时了解各种网页的变化情况。这是一项非常简单的服务，但客户很喜欢用它来掌握竞争对手的情况，这比他们过去采取的追踪手段精确得多。客户签约使用我们这种服务后，只要竞争对手一发布新闻稿、调整产品价格或者推出新的销售活动，我们就会立即通知客户。

公司官网发布的信息，都会经过专业人士的精心处理。单单研究官网上说了什么、没说什么，都可以分析出不少有关公司市场定位和战略意图的信息。

让我们看一看当今世界最大的4家高科技公司的官网主页，研究一下它们当时是如何给自身定位的。

2016年8月，苹果公司用一张最新款iPhone的照片占满了官网的整个页面。毫无疑问，那就是它们即将推出的新一代智能手机。iPhone已成为苹果的代名词，如今我们一看到iPhone，便会想起这家公司。

惠普公司（HP）在官网上发布的信息是："3D打印的革命正在拉开序幕。"惠普将自己定位为一家建立在世界领先打印机公司的卓越传统之上、面向未来的创新型公司。

IBM官网的信息更复杂些："IBM X-force正改变着应对和分享全球威胁情报（threat intelligence）的方式。"它们的定位似乎是以情报资讯为核心，为客户提供精妙算法来解决问题。

微软公司（Microsoft）出人意料地在其官网上炫耀一台崭新的平板电脑。它们的信息很简单，就是"介绍Surface Book"。显然，这家全球最大的软件公司急于摆脱仅仅依靠传统软件获得收入的局面，正想方设法拓展其他收入。通过推出Surface Book这款平板电脑，微软表明了与苹果的Mac和iPad一争高下的意图。

许多公司在官方网站上精心设计它们向公众发布的信息，极为重视与公众的交流和互动。仔细分析竞争对手官网上不断变化的内容，你能得到大量具有竞争力的宝贵商业情报。

第一部分 | 外部数据：商业竞争的新战场

社交媒体在透露品牌的战略焦点

随着社交媒体从 20 世纪 90 年代中期默默无闻的"访客页面"发展成 10 年后越来越受欢迎的在线社交中心，突然之间，许多公司再也无法控制与自家品牌和服务相关的舆论了。推特、脸书、领英等网站兴起，一种新的现实已然诞生：哪怕只是一位客户，也可以拟定舆论议程，而整个世界，都在一旁看着公司如何应对。

各公司通过网站展现希望给外界留下的印象。借助社交媒体，它们能够直接听到客户的声音，也可以实时了解公司用户在产品、客服等方面的满意度。图 1.4 展示了特斯拉（Tesla）与对标的同行业其他品牌汽车制造商，包括梅赛德斯 - 奔驰（Mercedes-Benz）、宝马（BMW）和奥迪（Audi）等，随着时间的变化的客户满意度情况。客户满意度是用网友在各公司脸书页面上表达的情绪来反映的。有意思的是，尽管特斯拉在各种媒体上频繁亮相，但客户满意度仍然落后。但其变化趋势向好，到 2016 年二季度，特斯拉的数值已经很接近其他汽车品牌。

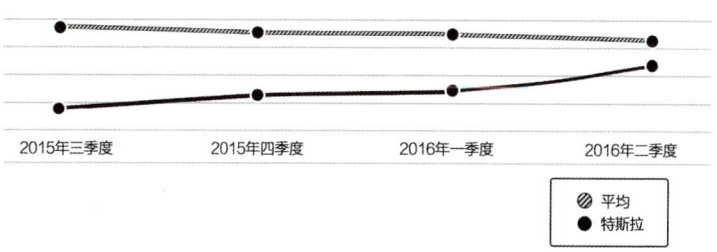

图 1.4 特斯拉与同行业平均客户指数对比

资料来源：融文集团。

社交媒体还很适合被用于评估品牌实力。图 1.5 显示了几个相互竞争的快餐品牌从 2015 年 5 月到 2016 年 5 月在推特和照片墙上留下的相关足迹。从饼状图上可以看出,在被社交媒体提到的次数上,麦当劳(McDonald's)是仅次于它的竞争对手汉堡王(Burger King)的 4 倍,尽管其连锁店数量只有后者的 2 倍。同样从图 1.6 中可以看出,必胜客(Pizza Hut)被社交媒体提到的次数是其竞争对手达美乐比萨(Domino's)的 2 倍,但餐馆数量只比后者多出 50%。

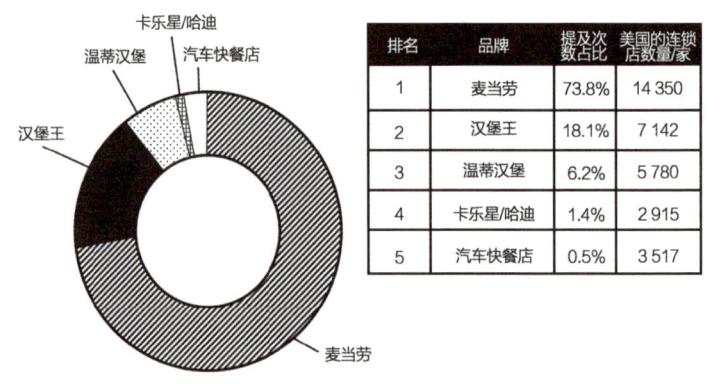

图 1.5 汉堡店品牌竞争

资料来源:融文集团。

我们还可以用社交媒体来了解品牌的战略焦点。看看汽车品牌阿斯顿·马丁(Aston Martin)和劳斯莱斯(Rolls-Royce)在 2015 年全年通过新闻和社交媒体报道产生的文字云(word clouds,也叫"词云",对网络文本中出现频率较高的"关键词"予以视觉上的突出,过滤掉大量的文本信息,使浏览网页者只要一眼扫过文本就可以领略文本的主旨。——译者注)(见图 1.7、图 1.8)。文字的大小表明了它们在多大程度上主导着人们的交谈。我们可以一眼看出两个品牌不同的优先发展战略。阿斯顿·马丁的文字云着重强调"名流"和代言,而劳斯莱斯则主要关注出口市场和工业。为了理解这种差别,我们还要了解,劳斯莱斯并不单单是一个汽车品牌,这家公司还着眼于推广一系列产品,包括航空发动机、电力系统和核电站。

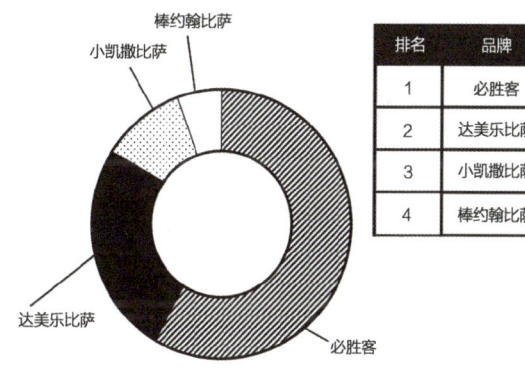

图 1.6　比萨店品牌竞争

资料来源:融文集团。

网络广告支出同样值得分析

数字面包屑留下的另一条有趣的路径是搜索引擎营销(search engine marketing,SEM)或者所谓的每点击付费(pay-per-click,

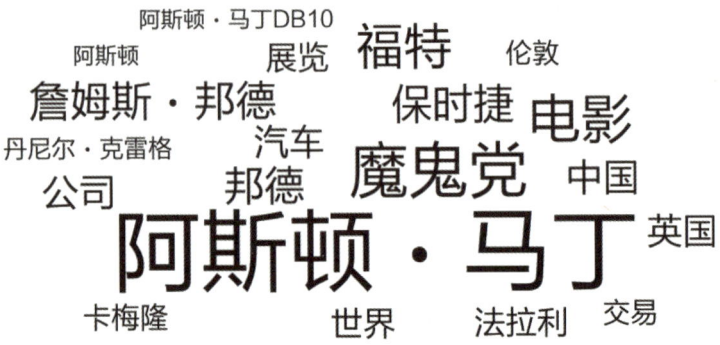

图 1.7 阿斯顿·马丁的文字云

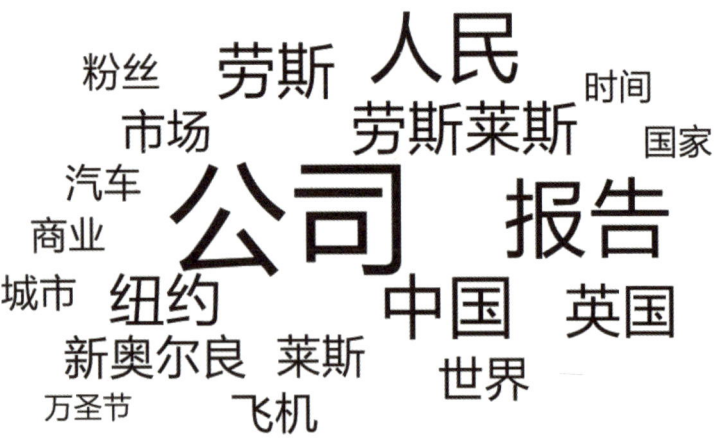

图 1.8 劳斯莱斯的文字云

PPC）支出。因为网络搜索关键词可以实时拍卖，人人都能了解详细的清单和现行价格。市场研究机构 eMarketer 估计，2015 年，搜索支出在总值高达 581.2 亿美元的数字广告支出的市场中占到了 46% 的份额，因此搜索支出也是追踪大部分公司时一项很有意思的标准。追踪观察竞争对手的搜索支出及其趋势，并按国家和产品系列来归类，可以提供无比宝贵的竞争洞察。表 1.1 估算了特斯拉与另外 3 家同行业竞争对手之间的搜索引擎营销支出，时间截至 2016 年二季度。值得注意的是，在网络广告方面，特斯拉的支出几乎为 0。而宝马在这方面的支出，在各个大洲均超过所有竞争对手。

表 1.1 按地区对比广告支出情况

（单位：万美元）

	特斯拉	宝马	奥迪	梅赛德斯 - 奔驰
亚洲	0	2.2	4.1	0
欧洲	0	43.1	36.4	1
北美洲	0	300	200	200
大洋洲	0	2.8	2.3	0.2
南美洲	0	0.4	0	0

资料来源：融文集团。

在谷歌中刺探对手的实力

另一个常用的衡量商业情报的标准是网站流量。网站流量的数据不容易掌握，但还有康姆斯科公司（ComScore）之类的第三方公司提供估算网站访问量的服务，或者你可以使用谷歌关键词广告（Google AdWords）看看你公司的品牌被搜索的频率，然后将这一数据与竞争对手比较。如果 App 的下载量对你来说十分重要，推荐常用的第三方监测数据服务 App Annie。网站流量、搜索量和 App 下载数量，都是市场对产品需求程度的衡量指标。

图 1.9～图 1.12 是从 App Annie 中获取的几个受欢迎 App 的下载数量历史排名。将这一排名与同类别其他 App 进行比较，可以判断 App 的受欢迎程度。图中的排名变化，可以表明它是否处在上升阶段。

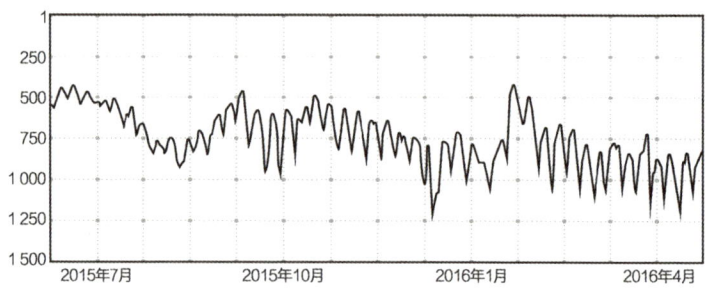

图 1.9　Evernote 的受欢迎程度

资料来源：第三方监测数据 App Annie，2015 年 5 月至 2016 年 6 月。

Evernote 呈下滑趋势。

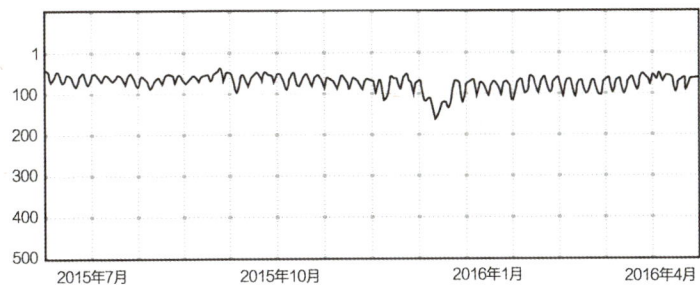

图 1.10 Dropbox 的受欢迎程度

资料来源：第三方监测数据 App Annie，2015 年 5 月至 2016 年 6 月。

Dropbox的表现相当稳定，但自2016年初开始有稍稍下滑。

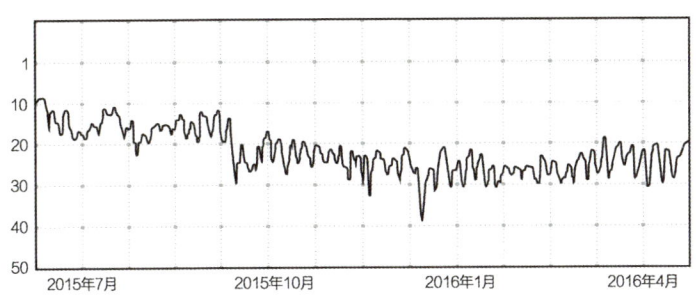

图 1.11 瓦次普的受欢迎程度

资料来源：第三方监测数据 App Annie，2015 年 5 月至 2016 年 6 月。

瓦次普在2015年二季度和三季度之间出现下降，而且此后一直没能恢复。

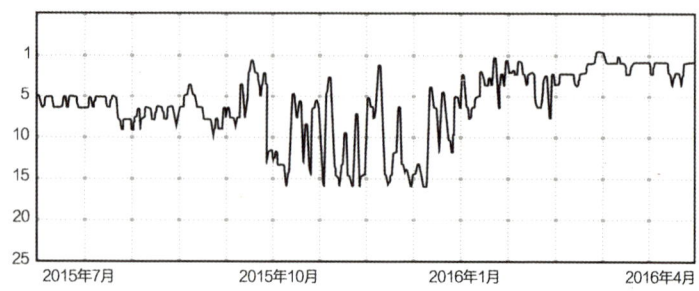

图 1.12　色拉布的受欢迎程度

资料来源：第三方监测数据 App Annie，2015 年 5 月至 2016 年 6 月。

色拉布自2016年初开始呈现上涨趋势。

别忘了专利申请、信用评级和诉讼信息

除了迄今为止讨论的各类数据，你还能够从很多其他的网络数据中找到宝贵的商业洞察。本书不打算为这些数据类型制作一份详尽的清单，因为行业与行业之间存在巨大的差异，很难对需要的数据进行统一。此外，新的网络数据不断涌现，进一步增大了整理这种清单的难度。因此，我只能再介绍少数几种可能包含与大部分行业相关的商业洞察的数据类型。

很容易想到的就是专利和商标的申请。这些数据在大多数国家可供搜索，不过公开日期和它们的最初申请日期相比会滞后数月。掌握专利申请情况，就能够了解竞争对手的战略目标。专利和商标的申请都既耗时又费力，有时还要投入巨大的财力。正常情况下，

公司不会追求专利的申请,除非它认为某项专利极其重要。专利申请可能表示公司即将推出新产品,也可能源于新的挑战者对公司市场领域的入侵。研究专利申请的数据还可以辨别收购目标,某些情况下还可预测并购行为。

信用评级和公司财务状况同样值得追踪。许多公司定期了解它们的关键客户和新客户的这两项指标。信用评级是你了解供应商、合作伙伴和公司业务范围中其他公司情况的重要参考,但信用评级也存在滞后性,这一点是不能忽视的。

不幸的是,打官司现在基本上已经成了公司经营的一项常规事务,尤其在美国。关于诉讼的信息通常可以在网上得到,研究诉讼程序的好处可能是多方面的。首先,争议中的双方会披露一些其他情况下不能公开的信息;其次,诉讼可以表明公司在某些事情上有所收获或受到保护;最后,诉讼意味着当事的一方或双方存在财务风险。如果你的事业发展取决于一家被牵扯进官司的公司,那么你很有必要持续关注相关的诉讼案件。

在美国,船运公司必须在一份名为提货单(bill of lading)的文档上登记它们运输的集装箱中的货物内容,其他国家也有类似做法。这份公开的文档登记了进口商或出口商,还简要描述了集装箱中商品的类型或其商业价值。在诸如汽车产业之类层级与工序复杂的行业中,进出口数据是很有参考价值的,因为这些行业的厂家需要大批量运输原材料,通常还是长距离运输。举例来说,这些信息可以被用来预测特斯拉未来的销量。假如你知道特斯拉正在进口什么货物,便可以用这些信息与历史数据和原材料数据进行对比,进而据此推断将来会发生什么。例如,原材料的进口激增,意味着 8 个月后(这是原材料制造成整车通常需要的时间)会有相当数量的新车进入市场。

表 1.2　需要追踪的数字面包屑列表

公司网站
新闻
社交
招聘广告
社交网络联系
网络广告支出
网络流量
专利申请与商标
信用评级与公司财务状况
法院文件与其他公开档案

神奇的"注脚":苹果的历史藏在新闻通稿里

到目前为止,我们讨论了网络上的数字面包屑,既有个人留下的,也有公司留下的。在本章即将结束时,我将向你们展示,对这些痕迹进行简单的分析,可以产生多么巨大的影响。

这里的分析仅限于每家公司在其正式发布的新闻通稿的最底下插入的一行不起眼的小字。这是对公司的简要描述,通常被称为官方新闻通稿的"注脚"。

这种官方新闻注脚之所以很有意思，是因为它会非常扼要地描述公司正在做什么或者立志做什么，而且通常只有几句话。这些句子经过十分精心的考虑和设计，以传递公司的战略定位与意图。

研究苹果的官方新闻通稿注脚是件很有意思的事情，从中可以了解这家高科技公司 15 年来的历史。苹果在撰写注脚时十分注意，常常只用两三句话来描述公司业务。追踪观察这些注脚的发展变化，我们可以发现这家高科技公司的战略及产品焦点如何随着计算机和个人电脑设备的不断发展而演变。我们还可以看到苹果在经营举步维艰和取得辉煌业绩时如何选择注脚的语气与措辞。

1997 年，苹果深陷困境。股票交易价格跌至 10 年的最低点，Macintosh 电脑不合潮流，个人数字助理产品"牛顿"也失败了，公司要求其第二任 CEO 在两年内离开。史蒂夫·乔布斯（Steve Jobs）被请回来拯救苹果，但公司当时深陷严重的财务危机，资金链断裂。不过，它们获得了最不可能伸出援手的公司的资助：死对头微软给苹果注资 1.5 亿美元，并承诺在未来 5 年为 Macintosh 平台提供 Office Suite 的支持，让苹果得以在市场中长期生存下去。

2000 年 1 月，这种举步维艰的局面和对未来缺乏信心的情绪在苹果的新闻通稿注脚中一览无余：

> 20 世纪 70 年代，苹果用 Apple II 点燃了个人计算机的革命，在随后的 80 年代又以 Macintosh 重新定义了个人计算机。如今，苹果重新致力于实现其最初的使命：给人类带来最好的个人计算

机产品,并支持全世界 140 多个国家的学生、教师、设计师、科学家、工程师、商界人士和消费者。

这份注脚首先回溯至 30 年前的历史成就,接下来转到"重新致力于实现其最初的使命"。苹果仿佛在告诉我们:"还记得我们有多么伟大吗?现在,我们正竭力变得像过去那般伟大。"

在后来的 4 年里,苹果经历了不少高低起伏。它在更新其产品组合方面取得了进步,但财务状况依然捉襟见肘。2004 年,苹果以 33% 的稳定营收增长结束了长达 7 年的停滞期,创下了自 1996 年以来的最高营收纪录。在更新后的新闻通稿注脚中,这种不断增强的信心从字里行间透露出来:

20 世纪 70 年代,苹果用 Apple II 点燃了个人计算机的革命,在随后的 80 年代又以 Macintosh 重新定义了个人计算机。今天,苹果依靠其屡获殊荣的台式电脑和笔记本电脑产品、OS X 操作系统、iLife 和专业应用程序,继续引领行业创新。苹果还用其 iPod 便携式音乐播放器和 iTunes 网络商城来领导数字音乐革命。

苹果仍然紧紧抓住以前的荣誉不放,但在描述当前的状况时,其措辞明显变得更加大胆。值得注意的是,公司首次引入第三句话来着重描述 iPod。而当时这个产品实际上已经推出了 3 年之久。在这以后,苹果在提到其新产品时,信心要比以前强得多。

2007年6月29日，iPhone问世，其突破性的设计与技术赢得了世人一波又一波的赞誉。苹果的营业收入达到了2004年破纪录时的3倍，好日子又回来了。公司的销售额和利润双双飙升，这也体现在新闻通稿注解的措辞中。2007年7月，苹果自豪地在注解中宣告了iPhone的诞生：

> 20世纪70年代，苹果用Apple Ⅱ点燃了个人计算机的革命，在随后的80年代又以Macintosh重新定义了个人计算机。今天，苹果依靠其屡获殊荣的台式电脑和笔记本电脑产品、OS X操作系统、iLife和专业应用程序，继续引领行业创新。苹果还用其iPod便携式音乐与视频播放器和iTunes网络商城来领导数字音乐革命，今年还通过具有革命意义的iPhone进军手机市场。

2010年5月26日，苹果的市值超过了微软。同年第三季度，苹果的营业收入首次超过了这位总部位于西雅图的竞争对手。2010年12月，苹果全面修订了新闻通稿的注脚。注脚的措辞和语气完全变了，不再沉浸在昔日的荣耀之中，取而代之的是积极乐观地描述当今的成就。过去的犹豫，被夸耀其"革命性的"和"神奇的"产品的语言所替代：

> 苹果设计了世界上最棒的个人电脑Mac，还有OS X、iLife、iWork和其他专业软件。苹果用iPods和iTunes领导数

字音乐革命，用 iPhone 和应用商店（App Store）重新发明了移动电话，最近更是推出了神奇的 iPad，定义了移动媒体和计算机设备的未来。

2015 年 4 月，苹果成为全世界最有价值的公司，市值达 7 700 亿美元。其股票价格与 1997 年的最低点相比，上涨了 24 500％。2015 年 6 月，苹果再度重新撰写了新闻通稿的注脚：

> 1984 年，苹果推出 Macintosh，为个人的技术带来革命性的变化。今天，苹果用 iPhone、iPad、Mac、苹果手表、苹果电视等产品引领着世界的创新潮流。苹果的 iOS、OS X、手表操作系统、电视操作系统这 4 个软件平台，为用户在所有苹果设备上带来了无缝体验，使人们能够用上各种突破性的服务，包括应用商店、苹果音乐、苹果支付和 iCloud。苹果的 10 万名员工正致力于创造全世界最好的产品，使这个世界变得比我们发现的更加美好。

这里的措辞，兜了一圈仍回到了原点：为了描绘苹果的传承，又把我们带回到它的历史成就上（见表 1.3）。今天的苹果被描述为掌管着将设备、软件、平台、服务紧密结合形成消费者生态系统的全球王者。令人充满期待的第三句话，如今已被"使这个世界更加美好"替代，这种说法会让"果粉"们感到放心，但也会被对苹果持怀疑态度的人斥为傲慢。

表 1.3　苹果新闻稿的简介分析列表

时间	第一句	第二句	第三句
2000年1月	20世纪70年代，苹果用Apple II点燃了个人计算机的革命，在随后的80年代又以Macintosh重新定义了个人计算机	如今，苹果重新致力于实现其最初的使命：给人类带来最好的个人计算机产品，并支持全世界140多个国家的学生、教师、设计师、科学家、工程师、商界人士和消费者	
2000年12月	20世纪70年代，苹果用Apple II点燃了个人计算机的革命，在随后的80年代又以Macintosh重新定义了个人计算机	苹果致力于通过其创新的硬件、软件和互联网产品，为全世界的学生、老师、具有创造力的专业人士和消费者带去最佳的个人计算体验	
2004年12月	20世纪70年代，苹果用Apple II点燃了个人计算机的革命，在随后的80年代又以Macintosh重新定义了个人计算机	今天，苹果依靠其屡获殊荣的台式电脑和笔记本电脑产品、OS X操作系统、iLife和专业应用程序，继续引领行业创新	苹果还用其iPod便携式音乐与视频播放器和iTunes网络商城来领导数字音乐革命
2007年7月	20世纪70年代，苹果用Apple II点燃了个人计算机的革命，在随后的80年代又以Macintosh重新定义了个人计算机	今天，苹果依靠其屡获殊荣的台式电脑和笔记本电脑产品、OS X操作系统、iLife和专业应用程序，继续引领行业创新	苹果还用其iPod便携式音乐与视频播放器和iTunes网络商城来领导数字音乐革命，而且，今年还通过具有革命意义的iPhone而进军手机市场

续表

时间	第一句	第二句	第三句
2010年12月	苹果设计了世界上最棒的个人电脑Mac，还有OS X、iLife、iWork和其他专业软件	苹果用iPod和iTunes网络商城领导着数字音乐革命	苹果用iPhone和应用商店重新发明了移动电话，最近更是推出了神奇的iPad，这定义了移动媒体和计算机设备的未来
2015年6月	1984年，苹果推出了Macintosh，为个人的技术带来革命性的变化	今天，苹果用iPhone、iPad、Mac、苹果手表、苹果电视等产品引领着世界的创新潮流。苹果的iOS、OS X、手表操作系统、电视操作系统这4个软件平台，为用户在所有苹果设备上带来了无缝体验，使人们能用上各种突破性的服务，包括应用商店、苹果音乐、苹果支付和iCloud	苹果的10万名员工正致力于创造全世界最好的产品，使这个世界变得比我们发现的更加美好

通过对苹果的新闻通稿注脚进行分析，我们知道可以从公司在网络上留下的痕迹中找到多少信息。这个世界已经改变。如今在网上俯拾皆是的信息，在几年前根本难以想象。互联网已变成一个巨大的商业情报宝库，等待着我们随时去发掘。

我们将在本书接下来的内容中，分析数字面包屑能够怎样改变公司的决策以及运营和管理方式。

第 2 章 数据驱动的决策仍有局限

1977 年,一位名叫拉里·埃里森(Larry Ellison)的大学肄业生创建了一家初创公司,他把公司命名为软件开发实验室(Software Development Laboratories)。在此之前,他在一家名叫安派克斯(Ampex)的电子产品公司工作。在那里,他阅读了一篇题为《大型共享数据库数据的关系模型》("A Relational Model for Large Shared Data Banks")的论文,那是英国计算机科学家埃德加·弗兰克·科德(Edgar Frank Codd)1970 年为 IBM 工作时撰写的。埃里森在安派克斯参与过许多项目,包括为美国中央情报局(CIA)建设数据库。他称这个数据库为甲骨文(Oracle),并最终将他自己创办的公司也更名为甲骨文公司。

这家位于加利福尼亚红木海岸的公司后来成了数据库和企业软件市场的龙头老大,这个市场通常被称为企业资源规划(enterprise resource planning,ERP)。今天,甲骨文是世界上最具影响力的高科技公司之一。在 2015 年的年度财报中,甲骨文公司报出了高达 382 亿美元的营业收入和 100 亿美元的利润。

尽管甲骨文公司创始人拉里·埃里森不如苹果的史蒂夫·乔布斯或微软的比尔·盖茨(Bill Gates)那样声名远扬,但他也一样改变了我们生活的这个世界。在甲骨文诞生前,各公司的数据被深埋在筒仓之中,难以派上用场。有的数据被保存在大型主机中,或者被打印和手写在纸上收到活页夹里。大部分数据并没有以可用的格式保存,人们也不可能对其进行分析以找寻其中的意义并从中获得洞察。ERP 系统的问世,意味着这种内部数据正在被慢慢地数字化。事实上,到 2005 年,80% 的世界 500 强公司都已经在整个公司范围内安装或正在建设 ERP 系统了。

市场开始出现了针对不同部门的定制软件的需求,比如客户关系管理系统(customer relationship management,CRM)、财务管理系统、人力资源(human resources,HR)管理系统、供应链管理系统以及商业智能系统等,于是埃里森着手进行了长达 10 年之久的史无前例的批量收购,收购总金额高达 350 亿美元。这些收购还为甲骨文的数据库增加了在工作流程、商业、物流、视觉化以及报告等方面的专业技术数据,使得甲骨文成为世界上最受信任的企业软件公司。我们将在第 13 章看到历史怎样重演,并且将更加详尽地研究这些收购案例。

如今,我们太习惯企业软件了,以至于容易忘记这类软件只是 20 世纪 90 年代中期才出现的。今天的高管完全依赖 ERP 系统来了解公司业绩。我们在欧洲的客户保留情况如何?每位销售员最新的销售额是多少?我们最新的业务部门贡献了多少利润?我们目前的增长主要来自哪些领域?我们怎样获得最大的投资回报?所有这些问题的答案,都可以在 ERP 系统中找到。

拉里·埃里森的甲骨文公司在这个全新的行业中占据了令人震惊的份额，引领着整个行业。根据技术研究公司高德纳（Gartner）的统计，2015年，全球每年的信息技术（IT）支出，包括服务器、设备、企业软件和专业服务等，高达3.52万亿美元，比全球汽车行业的总和还要多！

如果说史蒂夫·乔布斯为消费者带来了革命性的巨变，那么拉里·埃里森就是为企业带来了变革。截至2016年1月，甲骨文拥有13.3万名员工，98%的世界500强公司应用了该公司的产品。40多年来，埃里森一直是硅谷最有影响力的人物之一。除了甲骨文公司，他还在硅谷大批的成功故事中扮演了导师的角色，包括赛富时（Salesforce）和网速公司（Netsuite），这两家都是基于云技术的领先的企业软件解决方案提供商。

2016年1月，埃里森在《福布斯》（*Forbes*）杂志富豪榜中以540亿美元的资产净值位列第五，在IT企业家中超过了脸书、谷歌和亚马逊的创始人，仅排在比尔·盖茨之后。

拉里·埃里森通过改变公司的决策方式创造了巨额财富。在他之前，公司的内部数据是从许多低效率且无法互通的系统中收集的，而在他之后，来自公司各个部门的所有信息，都可以被高效的ERP系统整合起来进行严谨分析，从而实现了数据驱动的思虑周全的决策。

过度依赖 ERP 系统是危险的

引入甲骨文这样的 ERP 系统,显然意味着旧有的范例实现了非常宝贵的升级换代,高管们终于能以有效的方式使用内部数据了。

不过,ERP 系统的一个明显局限在于,它使用的只是基于历史事件的滞后数据。财务报告中的数字,是过去已经发生的各种活动和投资的最终结果。一个新来的销售员,往往要花几个月甚至几个季度,才能逐渐提升销售额。在许多行业,最初的投资要用数年时间才能发展,并将产品推向市场。尽管我们能在 ERP 系统中极其精细地探索和分析数据,但不管我们怎样努力,能获得的也只是对历史事实的洞悉。

本书的一个重要论点是,我们要谨慎对待 ERP 软件的运用。过度依赖这些系统可能是危险的,并且会形成受内部信息局限的世界观。我们容易被那些令人眼花缭乱的图表和分析影响,但我们应当谨记:对于作出重要决策时那些无可回避的问题,能被 ERP 系统回答的只有少数。

当前的情况不会体现在 ERP 系统的数字中。竞争对手最近作出的投资以及行业的最新发展趋势,也不会在这些数字中反映出来。在作出关于将来的决策时,内部数据的说服力和严谨性是有限的。下面的例子很好地证明了这一点。

2012 年正值融文集团加拿大分公司开张的第三年。这一年,分公司的业绩很差,与公司其他部门大相径庭——不仅赔钱,还没有成长，员工的留存率也是公司最低的。

2013年1月，在融文集团董事会上，我们展开了激烈的讨论。集团的外部董事会成员逼着我关闭加拿大的业务，转而将资金投向其他市场。毕竟，在整个集团中，加拿大分公司是最小的业务部门，根本无足轻重。但我争辩说，加拿大的市场没有任何问题。那里的竞争格局很有吸引力，市场成熟度远超其他一些大获成功的市场。我认为，这是一个内部问题，因为我们没有安排好合适的管理方式。同时我提出了一个替代策略：改变管理方式，并且加倍投资。

董事会最后支持了我的计划。不到3年时间，加拿大分公司从融文集团业务部门中业绩最差的第20位跃居到第5位，2016年的增长率更是达到了令人印象深刻的55%。

在融文集团董事会上，我们经常谈论这件事。我们用它来提醒自己，无论我们多么仔细地审视历史数据，能做的事都非常有限，一部分是因为历史不一定预见将来，另一部分是因为电子表格上的有效信息并不多。经营一家公司需要从多方面综合考虑，最大的因素总是你的员工。他们的自信、热情和信心，始终是公司将来取得优异业绩的最重要因素。

内部数据并不总是客观可靠

ERP系统的另一个问题是，你会孤立地研究公司的内部数据。你没有实时地掌握竞争对手正在做什么，也没有获得关于行业趋势的可靠信息。你的世界观是透过名为"历史运营效能"的有色眼镜来形成的。

孤立地进行内部分析，可能使你对自己所处的竞争局面产生误解。例如，你公司在法国市场的产品价格在过去12个月里下跌了，是因为市场的需求变弱、竞争变得激烈还是因为公司在法国的销售队伍自信心降低？这些只从内部数据难以了解清楚。这可是个大问题，若是没能了解问题产生的根本原因，就难以采取合适的行动。

管理层往往不会或者根本想不到尝试去寻求第三方的信息来帮助他们解释内部数据。相反，他们会受到先入为主的观念影响。

随着分析报告在组织中不停地向上层递交，这种孤立偏差得以强化。当报告被递交到公司董事会时，报告中的根本事实早已被各级管理人员分析、组织和包装过了。每个层级的管理者都对数据进行了重组，以支持他们想要表达的观点。一些信息被强调了，另一些则被淡化。随着分析报告在公司内不停地向上层递交，有可能会出现这样一种趋势：事实变得越来越不明显，分析者的主张则变得越来越清晰。

在形势变幻莫测的当今世界，过于聚焦内部数据是危险的。2000年时位列世界500强的公司，10年后有四成已不在榜单之上了。这种破坏性的发展似乎还在加速。2014年，位于马萨诸塞州韦尔斯利市的巴布森学院院长丹尼斯·汉诺（Dennis Hanno）预测，在10年之内，半数的世界500强公司将会消失。

大公司因没能足够迅速地适应形势变化而被淘汰的故事很多。它们缺乏的并不是显示业绩下滑的数据。没能与先入为主的理念作斗争，进而突破孤立偏差才是症结所在。

是什么导致了黑莓的消亡?

当黑莓公司的联合 CEO 迈克·拉扎里迪斯（Mike Lazaridis）和吉姆·巴尔西利（Jim Balsillie）在 2007 年 1 月第一次看到苹果推出的 iPhone 时，他们确信这种手机不会给黑莓这家移动服务公司带来任何威胁。这是杰奎·马可尼什（Jacquie McNish）和肖恩·斯利科夫（Sean Silcoff）两位作者在他们出版的《失去的信号：黑莓大起大落的背后》（*Losing The Signal: The Untold Story Behind the Extraordinary Rise and Spectacular Fall of BlackBerry*）一书中描述的情形。拉扎里迪斯和巴尔西利认为，他们自己的移动设备对商业用户来说是更好的选择。iPhone 的价格更贵、电池续航短得多、只有 2G 信号，还是触屏键盘。有多少商业用户会选择它？如果他们带着 iPhone 去克里夫兰进行业务访问，可能刚一离开停车场，就得给手机充电了。

在短期内，黑莓高管的想法确实是对的。这家加拿大手机制造商生产的手机有着更易使用的键盘，注重保护公司安全，还拥有被称为"黑莓信使"（BBM）的创新型短信服务，深受专业的商业用户欢迎，因而业绩稳步发展。2009 年一季度，黑莓已成为追求利润的商业部门的标杆，在美国的市场份额达到 55%，在全球达到 20%。

在接下来的 3 年里，仍旧在迅速增长的市场却开始冷落这家加拿大手机制造商。人们转而将目光投向新一代触屏智能手机，不再关注键盘手机。

2012年一季度，黑莓的增长遭到了残酷的打击。有人将其归咎为新产品上市的延期，但它们用户数量的增长一直停滞不前，从这种状况可以明显看出，消费者对黑莓竞争对手的产品产生了强烈的兴趣。这个季度，黑莓的营业收入为280亿美元，比上季度下降了33%，比上年同期下降了43%。黑莓的生产厂家——移动研究公司（RIM）的新任CEO索斯滕·海因斯（Thorstein Heins）也对公司的前景忧心忡忡，他解雇了4 500名员工，接近员工总数的40%。

他在接受加拿大广播电台集团的采访时坚持说："公司目前没有任何问题。相反，我们相信移动研究公司已经开始转型，我们预计这将再度改变人们交流的方式。我们准备在明年一季度推出新的移动平台黑莓10，我们期待这将以前所未有的方式激发客户的热情。"

遗憾的是，索斯滕·海因斯的预言没有实现。相反，黑莓的销量、营收和利润开始暴跌。2013年9月，黑莓宣布，由于Z10这款特殊机型的销量惨淡，2013年二季度的净亏损接近10亿美元。这时黑莓的用户和市场份额都开始"大出血"。2013年底，黑莓的全球市场份额直线下降到0.6%。一度在智能手机领域备受推崇的创新领军者，已被彻底淘汰。

这家加拿大电信运营商和手机制造商的覆灭是近段时期最具戏剧性的公司倒闭案例。该公司从移动电话市场的主导者沦落到濒临破产的地步的速度之快，令业内人士和市场观察家备感震惊。

黑莓的故事是公司内部数据存在局限性的绝佳例子。从2007

年第一部 iPhone 问世,到黑莓 2012 年一季度致命的季度报告出来,黑莓用户的数量从 800 万增长到 7 700 万,几乎增长了 9 倍。同样令人印象深刻的是每季度营业收入的增长。2007 年一季度,黑莓的季度营收为 10 亿美元,到 2011 年一季度猛增至 55 亿美元,大多数季度与上年同期都有 40%~100% 的增长幅度(见图 2.1)。

如果只看黑莓的内部数据,谁都会觉得黑莓正从一个胜利走向另一个胜利。但事实上,内部数据并没有呈现出事情的全貌。内部

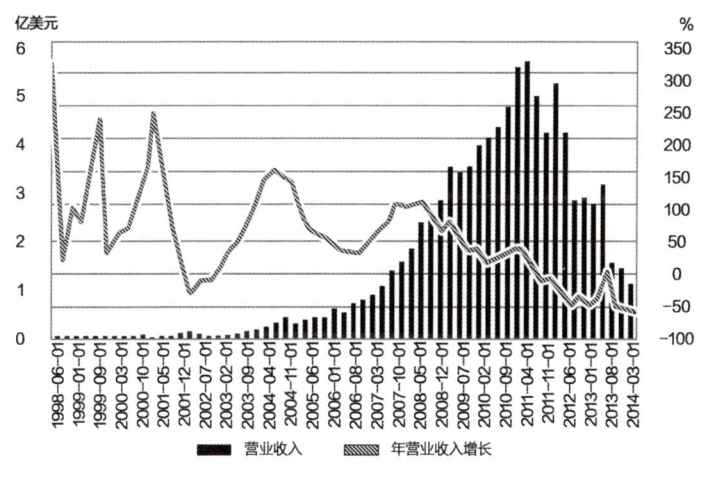

图 2.1 黑莓的季度营业收入

资料来源:商业内幕网站,2013 年 12 月。

> 黑莓的营收在增长。在 2011 年一季度创下 55 亿美元的高峰之前,公司的季度营收一直在飙升,但公司却正在丧失市场份额,很快就将陷入困境。

数据本身是有偏差的,尽管它包含关于公司的丰富数据,但没有包含涉及市场和竞争对手的直接信息。

研究市场份额的变化情况时，形势就完全不同了。很明显，问题最早从 2009 年一季度就开始出现。在此之前，黑莓的发展势头强劲，市场份额稳步增长，全球份额达到 20% 的顶峰，但从这之后，黑莓的发展状况就令人十分担忧。在不到两年的时间内，黑莓在美国的市场份额从 2009 年一季度的 55% 狂跌至 12%。全球市场份额的下跌速度稍慢一些，但在 3 年时间里也同样暴跌，跌到了无足轻重的地步（见图 2.2、图 2.3）。

更深入地研究不同手机制造商的情况，就能描绘出更具细节的全貌。诺基亚和黑莓是大输家，而苹果和安卓手机则是赢家。安卓

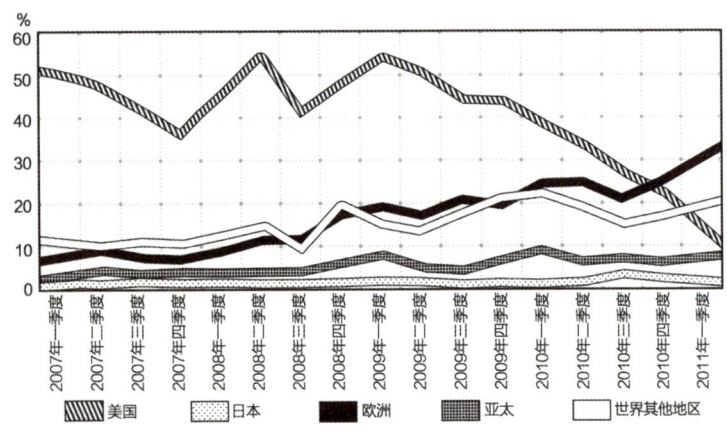

图 2.2 黑莓按地理区域对比的市场份额

资料来源：尼达姆公司，2011 年 6 月。

从 2009 年一季度开始，黑莓在美国的市场份额开始暴跌。这种下跌，是黑莓公司走向衰落的预警信号。

第一部分 | 外部数据：商业竞争的新战场

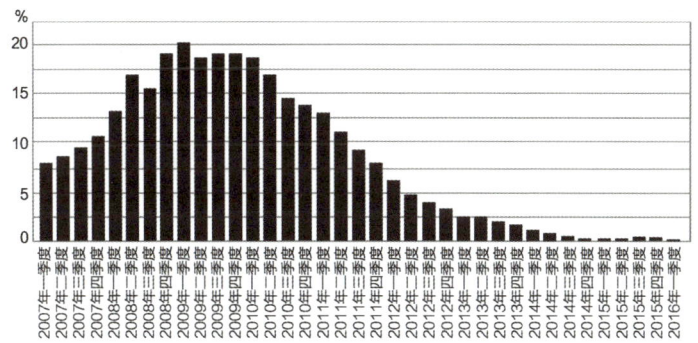

图 2.3　黑莓的出货份额

资料来源：Statista 数据库中的《财富》杂志数据，2011 年 6 月。

2009 年一季度以前，黑莓在全球的市场份额稳定增长，此时，距离苹果的 iPhone 投放市场已经过去两年。然而，从 2010 年一季度开始，黑莓的市场份额被迅速侵蚀。

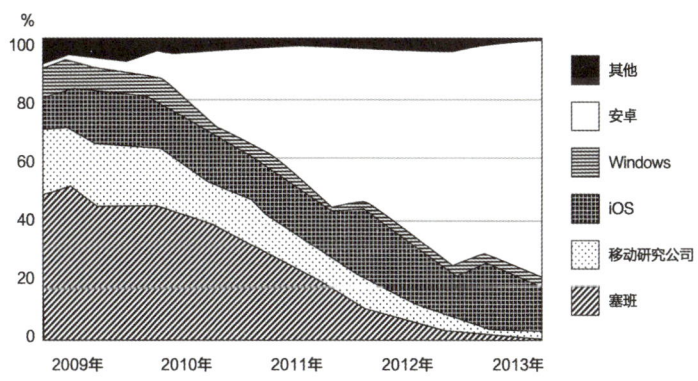

图 2.4　各操作系统占有市场份额（季度统计）

资料来源：路透社，高德纳公司，2013 年 9 月。

赢得了份额，其增长率从 2010 年的约 10% 猛增到 2013 年令人难以置信的 80%。不过，说到利润率，行业分析师一致认为苹果是龙头老大，虽说其市场份额一直保持在 15% ~ 20%（见图 2.4）。

根据战略分析公司（Strategy Analytics）的分析师的观点，2013 年四季度，苹果的 iPhone 确保了 114 亿美元的利润，利润率超出整个行业 70%。1 年以后，也就是 2014 年四季度，苹果 iPhone 的利润增长至 188 亿美元，占整个行业总利润的 89%，十分惊人（见表 2.1、表 2.2）。

黑莓消亡的原因是复杂的，但其核心是公司过度专注于它们曾经擅长的领域，即物理键盘和安全性，没能在市场已经改变时足够

表 2.1　全球智能手机营业利润表

（单位：亿美元）

企业	2013 年四季度	2014 年四季度
苹果 iOS	114	188
安卓	48	24
微软	0	0
黑莓	0	0
其他	0	0
合计	162	212

2009—2013 年，智能手机市场经历了急剧的变迁，塞班和移动研究公司成为大输家，赢家则是苹果和安卓。

迅速地变革。尽管增长率令人印象深刻，但由于竞争者的崛起更迅速，黑莓的市场份额被蚕食，最后减小到在行业中无关紧要的地步。

表2.2 全球智能手机营业利润份额表

企业	2013年四季度	2014年四季度
苹果iOS	70.5%	88.7%
安卓	29.5%	11.3%
微软	0	0
黑莓	0	0
其他	0	0
合计	100%	100%

虽然安卓到2013年四季度在市场份额上独占鳌头，几乎达80%，但苹果却拿走了大部分利润。2014年四季度，苹果的利润占整个行业利润的89%，尽管其市场份额还不到20%。

黑莓的竞争对手通过迎合新一代智能手机用户的口味，点燃了增长的引擎。黑莓自身却没有重视新用户的需求，例如上网和浏览媒体、实用服务的App。黑莓浏览器的上网体验十分糟糕，而它们研发App的努力尽管取得了成功，但太微不足道，也来得太迟。黑莓始终将发展聚焦在制造用于提升效率的手机上，并深陷其中不能自拔，而以苹果为领头羊的竞争对手们却用巧妙的设计、前所未有的高清彩屏和触摸界面调动着用户的情绪，深深吸引着用户。

移动研究公司首席技术官大卫·雅克（David Yach）承认，公司没有预料到iPhone会如此受人欢迎。他告诉《华尔街日报》（*The Wall Street Journal*）："这种产品应当是失败的，但它没有失败。我从中认识到，美感是很重要的。移动研究公司被'人们不会想买这种手机'的观点困住了。"

黑莓过于依赖以往成功的秘诀，并从总体上低估了竞争对手。公司在整个2011年惊人的营业收入增长，让公司上下陷入了一种盲目的自信，而且，公司没能意识到其市场份额已从2009年一季度的最高点急剧下挫。在3年时间里，黑莓的营业收入从2011年创下的纪录下跌了80%以上，并一蹶不振。黑莓没能适应不断变化的市场需求。它们用键盘界面取得的成功，造成了将公司推下悬崖的孤立偏差。

在1801年的哥本哈根战役中，英国舰队的海军中将纳尔逊勋爵（Lord Nelson）领导了对丹麦人的一次大规模攻击。据说，他在战斗中故意把望远镜放在本已失明的一只眼睛上，以免自己看到指示他撤退的旗帜。纳尔逊的心意已决，不让外部因素干扰自己。

尽管企业软件将公司的决策从依靠直觉转变成依靠基于事实的原则，但它还是有局限性。这些软件获取的内部数据，只代表着影响公司将来发展的一小部分信息。而从这些数据中提取出来的洞见，也总是受到孤立偏差影响，而且混杂了各个层次的经理和高管们作出的主观判断。

在本书剩下的内容中，我们将讨论当代决策中最大的盲点，探讨为什么在新的数字时代必须确立决策范例。这催生了一个崭新的软件类别，这类软件对高管们决策的影响，丝毫不亚于企业软件刚被引入时所产生的影响。

第3章　挖掘外部数据才是着眼未来

RaceTrac 石油公司是美国最大的私营公司之一，在全美 12 个州拥有便利店和加油站，2016 年销售额达 75 亿美元。该公司成立于 1934 年，总部位于乔治亚州亚特兰大市，由波尔奇家族三代人经营，分别是卡尔·波尔奇（Carl Bolch）、小卡尔·波尔奇（Carl Bolch Jr）和在 2012 年接任 CEO 的埃里森·莫兰（Allison Moran）。

RaceTrac 石油公司的运营状况非常好，但莫兰知道，自己有机会使用外部数据更全面地了解客户需求，以便掌握影响商品销量的因素。便利店这个行业的利润十分微薄，因此，如果需求量很低的产品被摆在货架上，会对利润产生重大影响；换句话讲，货架的空间极其宝贵，因为公司大多数店面的占地面积不足 5 000 平方英尺（约合 465 平方米。——译者注）。

过去 RaceTrac 公司拥有的或通过第三方共同运营的超过 650 家商店，都由 CEO、首席财务官（CFO）及各种运营团队来作出整体的预测和规划。莫兰接任 CEO 时，决定拓展公司的某些核心能力，其中一项便是趋势预测和个体预测的建模。

RaceTrac 公司财务计划与分析部门主管布拉德·加兰德（Brad

Galland)说:"我们拥有海量的财务信息、业绩数据、员工标准、人力资源标准等,但是我们关注的绝大部分都是内部数据。"他说:"我们决定,要设法更好地理解我们在这个世界中占据的地位,因为这涉及市场份额。有一年,我们出现了两位数的增长率。我们审视了店面内部盈利能力,并开始问这样一个问题:'我们到底是在随着市场的发展而增长,还是跑赢了市场?'如果什么都不做,我们是不是还能得到两位数的增长?"

2012年底,RaceTrac求助于预测分析公司Prevedere。两家公司一同分析了大量的外部数据,结果发现,包括气象资料、建筑统计数据、商品定价、制造趋势等外部数据,都影响着公司未来的销量。

加兰德说:"这真的为我们的事业带来了冲击,尤其是在规划方面。在此之前,我们坐下来作年度财务预测时,都是基于'好的,去年的销量是X,那么,在X的基础上再增加5%,那就跟我们认为想要达到的结果差不多了。各个不同类别的团队将他们的预测结果综合起来,比如,你知道,我们认为可以使饮料的销量增长10%,我们觉得这种类型的糖果的销量将增加12%'。这些预测也还算好,只不过其中包含了大量的'我觉得''我们应当能做到'以及'那看起来是个合理的目标'等表述。"

"现在,我们的预测是基于事实、符合现实的。我们能够在某种程度上确定地讲,我们对年销量逐年递增9.7%很有信心。根据销量,我们可以预测毛利率,还可以预测净利润。这可是相当了不起的事情。"

挖掘外部数据，使 RaceTrac 公司能够决定每一种产品的类别和便利店与加油站所在地区的主要绩效指标，并在过程中消除了杂音、盯紧那些提供真正预测结果的指标。RaceTrac 拥有关于客户人数的详尽信息，通过将这些信息与和外部指标密切相关的产品结合起来，构建了一个将预测误差降低 15% 的强大回归模型。

RaceTrac 是公司理解外部数据价值所在的绝好例子。它们在外部数据中找到一些具有前瞻性的信息，与 ERP 分析形成互补。而借助回归模型，它们能够辨别推动销量增长的重要外部指标。将这些纳入公司的预测过程，它们便能告别原来只依据内部数据的猜测，大幅度提高营业收入预测的准确性。

公司决策中最大的盲点

当前，像 RaceTrac 公司这样严谨地利用外部数据的情况并不多见。一个令人遗憾的事实是，说起利用网络上可用的大量商业洞察，大部分公司的态度仍然出人意料地随意。

几十年前，万维网（world wide web）成为前瞻性信息最宝贵的来源之一。可它不仅没有被充分利用，还成了公司决策中最大的盲点。

企业软件替代了以前的猜测，催生了一个全新的行业，这个行业帮助各公司评估它们的生产力，并根据内部数据作出决策。而下一个前沿阵地，就是以同样严谨的方式来挖掘外部数据。

大数据和预测分析已成为高管们挂在嘴边的行话。尽管人们一直在炒作，但许多公司仍然难以在实际中运用这些新技术来创造真正的价值。对公司来说，想要变得更加严谨，显而易见的下一步是着眼于公司的外部。每家公司都有一些会对将来的绩效产生影响的因素。挖掘外部数据来理解这些影响因素，就好比拿着听诊器实时监听波特五力。

懂得利用这种机会的公司会获得巨大的优势。不懂得利用机会的公司则仍然在盲目地运营。

柯达公司是怎样没落的？

1975年12月，25岁的电气工程师史蒂文·赛尚（Steven Sasson）发明了一项改变世界的产品。他的这一发明，最终使得他供职的这家拥有12万名员工、在其自身领域中独占鳌头长达近一个世纪的公司不得不屈服。赛尚说："最好的创新来自对该领域一无所知的人。"赛尚从伦斯勒理工学院（Rensselaer Polytechnic Institute）毕业一年后，他的经理要求他用一些刚刚被飞兆半导体公司（Fairchild Semiconductors）发明出来，刚开始投入应用的芯片组做实验。这个实验后来被称为美国专利4131919号，更通俗地被称为数码相机。

赛尚的经理们对他的发明印象深刻，但决定不采用这种技术，因为它可能影响到这家以相机胶卷为主打产品的公司的主要营业收入来源。赛尚供职的公司，就是备受崇敬的伊士曼柯达公司。柯达于1888年由乔治·伊士曼（George Eastman）创办，伊士曼当年将电影胶卷用来拍摄静态的照片，并以此为基础创办了公司。柯达通过提供大众能够消费得起的、"像铅笔一样便于使用"的相机，将摄影从专业的摄影棚中解放了出来，让这项技术来到普通美国人的日常生活中，进而发展到全世界。

伊士曼是个精明的商人。当相机行业的竞争日趋白热化时，他着力推出质量优良但价格低廉的胶卷，借此将潜在的竞争者转变成实际上的业务伙伴。在这一过程中，他打造了柯达这个屹立于世界超过一个世纪的全球化商业帝国。在巅峰时期的1996年，柯达享有全球2/3的市场份额，创下了营业收入160亿美元、市值310亿美元的纪录。那个时候，柯达在全世界最有价值的品牌中排名第五。

仅仅15年后，这一切都结束了。2012年1月29日，柯达申请破产。这家一度具有传奇色彩的公司，由于没能把握外界趋势的变化，最终轰然倒塌。身为数码相机的发明公司，柯达拥有适应数字化世界所需的全部技术与能力。然而，它们的高管死守自己的陈旧理念，忽视所有外部数据，拒绝放弃它们在模拟胶卷和冲洗照片方面的优势，结果是致命的。

2005年，安东尼奥·佩雷斯（Antonio Pérez）被任命为柯达董事会主席和CEO。上任之初，他希望能让这个举步维艰的巨头重振往日雄风，这反而证明了柯达公司高层管理者对公司现有业务模式面临的挑战多么地漠不关心。佩雷斯的理想是："让柯达在照片行业带来如同苹果为音乐行业带来的改变：帮助人们整理和管理他们自己的照片库。在理想世界里,未来的消费者将使用柯达的相机拍照,把照片保存在柯达的存储卡上,再通过柯达的打印机打印出来,然后在店内的数字亭里编辑它们。"

佩雷斯是位受过训练的电气工程师,对技术并不陌生,但他没有意识到,技术正改变着消费者的行为和旧有的商业模式。人们喜欢他们的数码相机。

有了数码相机,你可以在拍照之后立马看到你刚刚拍摄的照片,而不用等着把底片洗印出来。凡是用过带模拟胶卷相机的人们都会记得第一次拿起数码相机拍摄时那种轻松的快感!随着互联网的普及,数码照片更是大行其道,这是以前的老式照相底片绝不可能做到的。人们可以在网络上保存、分享和编辑照片,再也不用在纸上冲洗或打印了。

很多人围绕柯达的兴衰著书立说,分析其中原因。当事情结束后,把各中缘由看得一清二楚是很容易的。但即使仅仅研究佩雷斯任期内那段时间能够获得的网络数据,我们也能清楚地发现,他希望这家有着百年历史的行业巨头重振雄风的愿景,与太多最为重要的宏观趋势形成了鲜明的对比。

2005年,也就是柯达申请破产保护的7年前,佩雷斯被任命为公司CEO。当时美国的模拟相机市场份额已经下跌至20%。仅仅5年前的2000年,模拟相机还是一枝独秀,份额达80%。同样是在这5年期间,作为柯达主要营业收入来源的胶卷的销量也下降了50%(见图3.1、图3.2)。

第一部分 | 外部数据：商业竞争的新战场

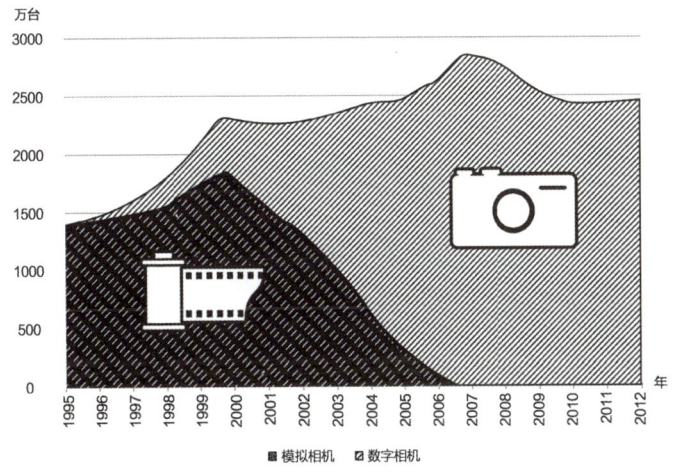

图 3.1　美国的模拟与数码相机销量对比

资料来源：Third Way，2014 年 4 月。

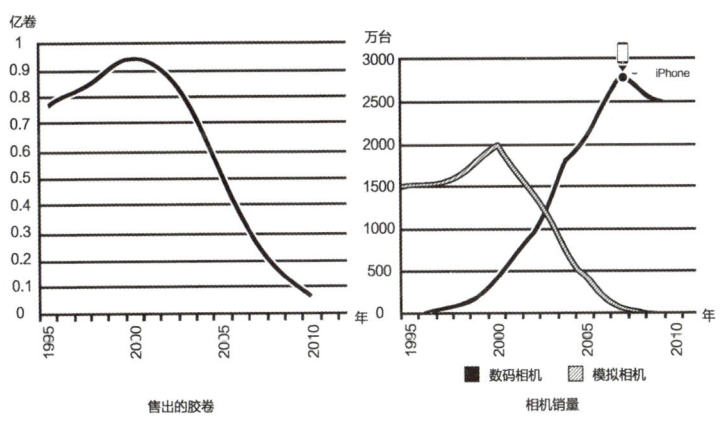

图 3.2　胶卷的衰落

资料来源：《技术评论》(Technology Review)，2012 年。

OUTSIDE
INSIGHT

如今的柯达也已经将经营重点转向商业印刷与出版。人们曾经熟悉的柯达胶卷也逐渐成为回忆。

尽管出现了这种明显的市场趋势，但柯达仍然不愿意作出改变。它坚持陈旧的商业模式，不去了解消费者想要什么。剑桥大学策略与政策系的卡迈勒·穆尼尔（Kamal Munir）博士在《华尔街日报欧洲版》（*The Wall Street Journal Europe*）中撰文指出："柯达不愿意放下毛利润率接近70%的极具诱惑力的胶卷业务，多年来一直尝试通过减小相机体积、采用数字编码的胶卷与照片光盘之类的混合技术来延长胶卷的生存时间。"

柯达的故事表明，外部数据可靠地记录了模拟摄影向数字摄影的转变。柯达本质上是一家生产照片胶卷的化学公司。柯达的数字影像分公司位于罗切斯特的总部。这家办公室门上长年挂着锁的分公司，其任务是协同、配合模拟胶卷业务的发展，而不是在独立的数字商业模式上加倍投资。

还记得"就在柯达一刻"那句广告语吗？尽管柯达在摄影市场上占据主导地位，但从来没有参与数字摄影市场中巨大的价值创造。讽刺的是，柯达拥有世界上规模最大的在线照片服务——柯达画廊（Kodak Gallery）。根据传媒总监丽兹·斯坎伦（Liz Scanlon）的说法，在2008年的巅峰时期，柯达画廊拥有超过6 000万名会员，管理的照片多达"数十亿张"。2012年柯达申请破产后，柯达画廊以2 380万美元的价格被出售给其主要竞争对手快门网（Shutterfly）。

脸书如何摆平潜在竞争者？

2010年3月，一家名叫波本（Burbn）的初创公司从基线创投公司（Baseline Ventures）与安德森·霍洛维茨基金（Andreessen Horowitz）中获得了50万美元的融资。波本是一个以四方网（Foursquare）为原型打造的位置签到App。用户可以在特定的地点签到、制订将来的计划，还能通过和朋友一同闲逛并贴出照片赚取积分。但是这个App一直没有火起来。

App的创始人凯文·斯特罗姆（Kevin Systrom）和迈克·克雷格（Mike Krieger）没有放弃，继续对其作出改进。他们发现，人们根本没有使用波本App的签到功能，而都在使用它的照片分享功能。这让他们感到很有趣。他们优化了照片分享功能，并通过对这一领域中其他公司的研究，最终得出结论：滤镜功能简捷易用的"创意相机"（Hipstamatic，也称模拟胶片相机，是iPhone上一款非常著名的拍照应用。——译者注）与照片分享能力有限的脸书之间，还存在市场的空间。

2010年10月12日，凯文和迈克推出了一个简单的照片分享App，它可以只通过三次点击就贴出一张照片。照片被限定为一个方形，类似于柯达傻瓜相机和拍立得照相机的照片。同时，通过一系列强大的、只需点击一次的滤镜功能，可以让原始照片得到增强和美化。他们将这个App命名为照片墙。照片墙一经推出，短短两个月就吸引了超过100万用户。

第一部分 | 外部数据：商业竞争的新战场

2011年2月2日，照片墙获得了多达700万美元的第一轮融资，一系列投资公司和投资人都进行了投资，包括基准资本（Benchmark Capital）、推特的共同创始人杰克·多西（Jack Dorsey）、谷歌的前特殊项目负责人克里斯·萨卡（Chris Sacca）以及脸书前CTO亚当·狄安杰罗（Adam D'Angelo）。这轮融资对照片墙的估值约为2500万美元。

照片墙发展迅猛，到2011年9月26日拥有了1000万名用户，并被苹果选为2011年iPhone的年度App。2012年4月3日，当照片墙在谷歌市场（Google Play）上被推出时，其安卓版本在不到一天的时间里被下载了100万次。同样在那个星期，照片墙从众多的风险资本公司和资本家那里获得了5000万美元融资，包括红杉资本（Sequoia Capital）、兴盛资本（Thrive Capital）和格雷洛克风投公司（Greylock Partners），这次融资的估值达到5亿美元。

对照片墙的成功投以关注的目光的是时年26岁的脸书创始人马克·扎克伯格（Mark Zuckerberg）。当时，脸书已是世界上最大的社交网站，拥有8.5亿用户，早在两个月前就提交了首次公开募股计划，目标是融资50亿美元，融资估值为1000亿美元，使之成为高科技行业历史上规模最大的首次公司募股。脸书尽管在融资方面大获成功，但却在移动平台的发展上落后了，而照片墙在照片分享业务上获得了大量的好评。虽然照片墙是家规模很小的公司，只有十几名员工，也没有营业收入，但扎克伯格感受到了威胁。在前一年的夏天，他的脑海已经冒出了与凯文·斯特罗姆商议收购照片墙事宜的念头,但斯特罗姆当时拒绝了扎克伯格,因为他想建立一家独立的公司。

就在伊士曼柯达公司申请破产3个月后,2012年4月9日,脸书以10亿美元的现金和股票收购了照片墙。尽管没有人公开披露扎克伯格是怎样作出这一决策的,但照片墙在谷歌市场上引人注目地登场之后仅仅6天,这起收购案就达成了协议,其中显然有关联。在那6天时间里,500万用户下载了照片墙的安卓版本。而当这起10亿美元的收购案进行的时候,照片墙只有2 700万用户,不及4年前柯达画廊用户数的一半。

但和柯达画廊不一样的是,照片墙出现了强劲的增长,是非常热门的抢手货。照片墙实现5 000万美元融资的第二天,扎克伯格就邀请斯特罗姆到他位于加州帕洛阿尔托市的家里,以两家公司CEO的对等身份举行了为期3天的洽谈。他向斯特罗姆开出了无法拒绝的价格,成功收购了这家照片分享网站。

收购案公开后,扎克伯格招来了大量的批评。照片墙成立仅一年半,只有13名员工,没有营业收入。尽管他们拥有近3 000万名用户,但用户全都是免费使用这个App的,而且,公司并没有制订将App商业化的计划。这起收购案还造成了脸书的股东和董事会成员们的明显不安,他们觉得扎克伯格"不成熟"和"过于独断专权"。

2015年9月,也就是这起并购刚刚过去3年,照片墙的用户规模达到了4亿。RBC资本市场(RBC Capital Markets)分析师马克·马哈尼（Mark Mahaney）预言，照片墙的成功将成为脸书的"2016年度大事"，并估计2016年度照片分享业务的营业收入将达20亿美元。美国美林银行的分析师贾斯丁·波斯特（Justin Post）和乔伊斯·德兰（Joyce Tran）也看好照片墙。

2015年底，两人在一份呈交给客户的分析简报中预计，在独立的基础上计算，照片墙的价值将介于300亿美元至370亿美元。他们的研究显示，照片墙已成为除中国以外所有国家和地区中规模仅次于脸书的大型社交网络。他们在报告中写道："如果照片墙朝着这种态势继续发展下去，扎克伯格在2012年作出的10亿美元的收购，将成为有史以来最划算的交易。"

照片墙讲述了两位二十多岁的年轻企业家将创业失败后既没有人投资也没有营业收入的公司逐步发展成10亿美元企业的故事。

它还是一个全球巨头密切关注外部世界变化的故事。和脸书相比，照片墙本来是家无足轻重的公司，但它们对用户日益增大的吸引力，可以通过第三方监测数据App Annie等网络服务从网上了解到。脸书创始人和CEO马克·扎克伯格注意到了。他在忙于将自己的公司发展成市值千亿美元的公司的同时，还认定照片墙是他必须立即着手解决的潜在威胁。

照片是最具吸引力的网络数据类型之一，如果照片墙继续发展用户，终有一天会变成威胁，即使对脸书来说也不例外。斯特罗姆的10亿美元"保险费"（insurance premium），成为扎克伯格"最划算的交易"。这桩并购业务使得脸书在数字照片领域成为全球赢家，并继续巩固了脸书在社交媒体领域无可争议的王者地位。

假如脸书只考虑它们内部的财务状况，不可能发现在照片分享的细分市场上一个新的竞争者正在崛起。只有通过细致地分析外部数据，扎克伯格才能辨别照片墙正在浮现的威胁。

1609年，伽利略·伽利雷（Galileo Galilei）将一架望远镜送给了威尼斯政府。人们借助望远镜，能够比用肉眼提早两个小时看到远方的船只。这一技术让伽利略名利双收。它在军事上的优势显而易见，一部署到军队中便大获成功。公司为了前瞻地洞悉市场而挖掘外部数据的优势，同样也具有吸引力。在本书的第二部分，我们将介绍一个系统性挖掘外部数据的决策范例。

第二部分
PART 2

公司的决策方式会如何变化？

当某地即将迎来一场飓风时，人们一般会预测手电筒、蜡烛、瓶装水等产品会在当地人卖。但沃尔玛将气象数据与公司内部数据结合起来后，获得了令人意外的发现。

第 4 章　新的数字时代，新的决策典范

沃尔沃环球帆船赛（Volvo Ocean Race，VOR）是世界上最艰苦的体育赛事之一。在为期 9 个月的赛程内，7 支队伍从西班牙的阿里坎特市出发，途经各个大陆的港口，环球航行至瑞典的哥德堡。

这项赛事于 1973 年首次举办，当时叫作怀特布莱德环球帆船赛（Whitbread Round the World Race），如今每 3 年举行 1 次。每只帆船的独特设计，比如船只的长度、重量及帆的情况等都对航行速度有着重要影响。但为了确保帆船赛能够侧重于比试参赛选手的技能而不是船只的性能，在 2014—2015 年度的比赛中，举办方改变了规则。每只帆船都采用了所谓的"统一型号"，所以再没有哪支参赛队伍有任何优势或劣势，大家一律平等。于是，帆船由 4 家世界级造船厂中的一家来建造。这意味着决定成功的变量只剩下运动员在驾驭帆船横跨太平洋、大西洋、印度洋和南部海洋长达 44 850 英里（约合 72 179 千米。——译者注）的赛程中展示的超凡技术。

这项赛事的商业合作主管伊尼戈·阿兹纳尔（Iñigo Aznar）说："我们这项赛事是世界上比赛时间最长的体育运动，历时 9 个月，意

味着我们必须持续不断地根据数据作出决策。"在比赛期间,阿兹纳尔的职责之一是收集商业情报。他接着说:"比赛是不可预测的。尽管我们知道何时开始、何时结束,但不知道比赛期间会发生什么。"

比赛进行时,控制中心每隔3秒便会通过卫星技术获取船只的数据,控制团队运用生物计量学等技术分析结果来监测参赛选手的身体状况。每位参赛选手每天要消耗6 000卡路里的热量,这是普通人平均一天消耗热量的三四倍。位于阿里坎特的一个高度精密的控制中心监测着气象资料,以测量风力和侦测浮冰等危险。控制中心是间灯光昏暗的房间,里面摆满了电脑硬件和各种监视器。一部分用作任务控制,另一部分则是媒体中心。

沃尔沃环球帆船赛产生了大量的数据。在2014—2015年度的比赛中,来自各参赛船只的直播视频共有4 874分钟,举办方在比赛期间的电子邮件或者卫星电话通话内容总共用掉了265 267 MB的容量。帆船赛的所有数据内容都在阿里坎特市制作、编辑和发布,发布的途径包括传统媒体以及优兔、推特、脸书等社交媒体。阿兹纳尔说:"我们能够向帆船发送视频或者接收帆船发来的视频,并在半个小时内向世界各地的媒体发送经过编辑的视频。"

早在设计和建造帆船时,他们就已经把摄像机安装在了船上。新一代的帆船更像是一个移动的电视演播室,配备5个固定机位的摄像机,并设置了2个实时无线传输视频资料的上行数据点。摄像机可以遥控,麦克风则被安置在在任何气象条件下都能增强录音效果的位置。录音装置和摄像机都受到严格的保护,以防狂风和巨浪的破坏。此外，每只船上还派驻一位多媒体记者，夜以继日地进行报道和采访。

阿兹纳尔说："如今，你不能去讲述一个关于昨天的故事，现在的社交渠道中，一切都必须是即时的，因此我们构建了一个能够迅速报道这项赛事的高质量系统。这就好比一级方程式赛车正在飞驰时，有位记者在车手刘易斯·汉密尔顿（Lewis Hamilton）的车里采访他：'你感觉如何？'"

在某些赛段，参赛选手需要在接近3周的时间里不分昼夜地航行，亲身经历体力和精力消耗殆尽的极端时刻，还要面对变化莫测的环境。2014年11月29日，维斯塔斯风力技术公司（Vestas Wind）的参赛船只搁浅了，选手们被困在印度洋上距毛里求斯东北部约240海里（约合445千米。——译者注）的卡加多斯-卡拉若斯群岛。9名船员最终撤离，有人受了轻伤。船上的摄像机捕捉到了这次事件中各种令人揪心却又引人关注的细节。

沃尔沃环球帆船赛的主办方制定了雄心勃勃的愿景。阿兹纳尔说，他们的目标是"将帆船赛打造成世界上最杰出的数字化全球体育运动"。主办方必须为赞助商创造价值，为了做到这一点，他们努力与全球关注这项赛事的数百万粉丝开展了有趣且令人情绪高涨的互动。

"我们必须实时了解内容到底适不适合，"阿兹纳尔说，"假如我们在脸书上发布视频、发布新闻或者进行一段采访，我们就需要知道它在全世界观众面前的吸引力如何，然后作出决定。因为我们知道哪种类型的故事更吸引人。我们像大多数体育比赛一样评估故事的关注度，但我们对实时的要求比体育赛事更高。"

监测数据内容的受关注度，指的是对多个指标进行监测。也就是说，了解哪种类型的推文最受人关注，或者在照片墙网站上哪些照片吸引了最多人的评价。例如，沃尔沃环球帆船赛团队了解到，在中午12时至下午2时发布内容时，脸书上的参与度会增加20%。此外，在周一和周五之间发布，比周末发布的效果更好。为什么？因为大部分关注帆船赛的粉丝都是ABC1人群（年龄为35～60岁的人群。——译者注），因此可能都在管理岗位工作；数据显示，他们大多是在每天午餐时分在自己的办公桌上关注这项赛事。

这就引出了关于时间选择的战略决策问题。例如，当帆船抵达港口时，沃尔沃环球帆船赛的团队注意到，网络流量急剧下降。

阿兹纳尔说："我们会故意推迟发布一些绝对要公开的有趣内容，以便在不同的市场上保持一定的受关注度。"他还指出："这类数据洞察，帮助我们作出使互动变得更有效的决定；也让我们的赞助商得到了更多的收益。"

大部分公司可以从沃尔沃环球帆船赛中学到许多。这项历时9个月的帆船赛，其严谨的运作设计令人印象深刻。在浩瀚的大海上，在严酷的条件下，赛事主办方使用一流的技术收集内部和外部信息，并将这种技术凭借实时的决策发挥到了极致，打造出最佳的体育赛事，尽可能给人们留下最美好的观赏体验。

是不是该放弃 KPI 考核了？

公司的决策将会出现重大的变革。当前，它是由内部数据和历史事件主导的，忽略了网上大量的可用信息，还受到季度安排的限制，这种安排，已经难以跟上当今这个快节奏的世界的脚步了。

如今，大大小小的公司都在学习像沃尔沃环球帆船赛那样决策。它们想方设法了解身边的世界，极力获得从外部数据中挖掘到的实时洞察，力求繁荣发展。

这种新的决策方法摒弃了以着重关注内部关键业绩指标（key performance indicator，KPI）、财务状况、年度计划和季度评审为核心的旧范例。相反，新决策范例剖析外部数据，以实时了解竞争格局中的变化。这种方法将关注焦点从你的公司正在做什么转向整个行业正在发生什么。它不太关注对过去的研究，而是更加关注对未来的预测。这种新决策范例通过广泛运用互联网来实现，是为新的数字时代而生的。在融文集团，我们称之为外部数据洞察。

表 4.1 范例对比

	旧范例	外部数据洞察范例
关注焦点	我的公司	我所在的行业
信息来源	内部	外部
分析对象	过去	未来
分析频率	每季度	实时
运营模式	被动	主动

在外部数据洞察的范例中，关注的焦点转变为察觉影响公司的外部因素的变化，以便实时调整行动路线，并通过对标来衡量最新举措的效果。

采用新范例经营公司，要摒弃原来对历史运营数据的痴迷，不再沉迷于为主宰全球市场而制订5年规划。相反，要接受不可预知的未来，并确保你在此过程中走出的每一步都离目标更近。这是一种更加灵活的方法，你要小心前进道路上的情况，一路避开颠簸和深坑，只要机会一出现，就立即抓住它。

这听起来有点像不靠计划，见机行事。但我的观点恰恰相反。像以前一样，我们需要制订可靠的战略规划。但是，计划的严谨，不再是计划本身的严谨，而是要用严谨的态度实时地了解你所处的竞争格局中的变化，和你在行动时作出的每一次调整的有效性。

在外部数据洞察范例中经营公司，越发变得像在进行一系列的A/B测试。通过采取不同的行动，仔细评估每次行动的效果。把更多资金投入在有效的方案上，毫不犹豫地摒弃无效的方法。决策以事实为依据，而用来衡量成功或失败的标准很简单：与竞争对手相比，你是否占领了更多的"地盘"？

决策方式将不同于以往

在外部数据洞察范例中，决策将在3个重要的方面不同于以往。首先，它将从外部数据中获得的前瞻性洞察作为决策过程中一个至关重要的因素。其次，决策是实时的，是为了回应外部因素的重大改变而作出的。最后，公司自身的成长和将来规划，要通过一定的标准与竞争对手进行比较。

1. 外部数据

德国一家名为 Statista 的网络市场研究公司指出，不包括硬件和专业服务的支出，2015 年全球在企业软件方面的支出为 3 140 亿美元。研究公司伯顿泰勒（Burton-Taylor）估计，2014 年全球媒体情报市场的产值仅有 260 亿美元。两家公司的研究成果形成鲜明对比。诚然，外部数据不只包括媒体监控，但将这两份研究报告进行对比，还是能说明一些问题的。可以这样来看，如今企业对外部数据的投资，还不到它们花费在内部数据上的 1/10。

过去几十年，企业软件帮助各公司充分利用内部产生的大量运营数据。而现在，为了能让公司了解瞬息万变的市场动态，是时候用同样严谨的态度对待外部数据分析了。认真对待外部数据的公司，将会对重要的外部因素产生更深刻的理解，并且能够运用这种理解来作出仅仅根据内部数据不可能作出的战略决策。

挪威一家名叫泰恩（Tine）的乳制品公司发现这一点时，一个新的竞争对手正在逐步侵蚀它们主打产品的市场。多年来，泰恩公司占据着挪威冰镇咖啡市场超过 90% 的份额，其产品名叫 Tine IsKaffe。泰恩在挪威食品行业中创造了一个全新的产品类别，每年的产品销量增长强劲，在市场中的地位令人艳羡。然而，2010 年，

第二部分 | 公司的决策方式会如何变化？

一家名叫 Friele 的手冲滴滤咖啡与咖啡豆分销商开始崛起，开展了广泛的营销活动，推销一款与泰恩竞争的冰镇咖啡，对其市场地位发起了挑战。

这对泰恩公司来说完全出乎意料。公司管理层找到融文集团，请求帮助分析当时的局面。泰恩需要知道如何应对这一新的威胁。它们考虑求助于我们时，正打算开展一次会极大消耗公司资源的战略性营销推广活动。后来，我们通过分析社交媒体中正在进行的讨论，发现了两个重要事实。

第一个事实是，很多人之所以在网上谈论冰镇咖啡，是因为 Friele 公司的产品发布极为成功。其中有一点格外突出，人们非常喜欢 Friele 新潮而时髦的铝盒包装，年轻消费者尤其如此。

第二个事实是，人们对 Friele 推出的新款咖啡的口感似乎不太满意，而更喜欢泰恩的冰镇咖啡。网上的舆论是，Friele 公司的冰镇咖啡太甜了。

根据这两个事实，泰恩公司管理层抑制住他们最初想要斥巨资开展广告活动的冲动，决定采取静观其变的对策。事实证明，这个决策是对的。最初在社交媒体上的研究发现没有错，尽管 Friele 采用了现代化的包装，但真正的产品却没能威胁到泰恩在冰镇咖啡细分市场中的领先地位。尽管 Friele 能成功地进入这一市场，但没能将泰恩的市场份额打压到 90% 以下。然而，Friele 进入这一市场的举动，确实带动了这个细分市场的发展，而身为重要参与者的泰恩则在此过程中成了最大受益者。

泰恩的例子显示了外部数据可以给决策带来的价值。在这一例子中，外部数据来自社交媒体。它们不是坐等统计 Friele 新产品对自己将来的销量产生的影响，而是迅速分析已经发现的宝贵线索，通过社交媒体发现消费者更喜欢的是 Friele 生产的冰镇咖啡的产品包装。这帮助泰恩选择一种慎重的方式来应对 Friele 的威胁。

2. 实时

外部数据为我们观察自身所处的生态系统和竞争格局的演变提供了实时的视角。运用实时分析，我们能够比从前更轻松地发现机遇和威胁，并相应地采取行动。运用上季度结果来制订下季度计划的这种习惯再也行不通了。相反，外部数据让各公司能够随时根据事件的发展作出调整。

2008 年，通过融文集团的实时分析，世界上最大的运动服饰品牌之一某公司意识到了一个麻烦的问题。在英国，这家公司生产的连帽运动衫和一些犯罪活动扯上了关系。警察在媒体上发布的报告经常提到，嫌疑人在实施犯罪时，身穿该公司生产的连帽衫来隐匿身份。

公司内部的多个部门都意识到，公司品牌可能已经被这种现象劫持了。他们不得不去思考公司该怎样应对。研究与发展团队仔细研究了这些衣服被某些人用来遮住面部，在实施犯罪时躲避监控录像的细节。结果他们发现，这款连帽运动衫最初设计了一个较深的兜帽，帽檐会在额头前突出几厘米，穿戴者可以轻易遮住自己的脸。

于是，研究与发展团队评估了可能的设计变更，最终提出了保护品牌和解决核心问题的方案。重新设计后的新款连帽运动衫的兜帽前檐无法再向前拉到能挡住脸的程度。新的连帽衫推向市场后，英国警方的报告中提到这一品牌连帽衫的次数明显越来越少了。

多亏了实时分析，这家运动服饰巨头才能发现其品牌正在被犯罪活动玷污，并很快想出办法重新设计产品以解决这个问题。它们的行动十分迅速，才能在问题恶化之前加以解决，让自家品牌在这起事件中安然脱身。

3. 对标

外部数据一个最吸引人的优势在于，你能像了解自己公司那样深入了解竞争对手。这可是专属于外部数据洞察的、前所未有的独特机会。外部数据洞察能帮你实时分析竞争对手，同时通过对标，你可以深刻洞悉自身相较于同行的优势与劣势，并找到一些重要问题的答案。比如：和业内其他公司相比，你招聘了多少销售员？与竞争对手相比，你的品牌在一线媒体中被提及的频率如何？和同行业平均水平相比，你在网络广告方面的投入是多了还是少了？

出于这个原因，我通常把外部数据洞察的机会当作"对标科学"。使用外部数据，你可以根据第三方数据来进行一对一的对比，以衡量你与竞争对手相比表现如何。类似这样进行比较，就能得到一个极其客观的标准，直接消除了孤立偏差和错误观念，同时，如果运用得当，它可以成为获得有利局势的决定性因素。

Hike Messenger 是印度本土的一个即时通信应用。多年来，该公司一直向包括瓦次普和脸书信使（Facebook Messenger）在内的行业巨头发起挑战、争夺市场。2012 年在印度推出后，Hike Messenger 迅速掀起一波热潮，2016 年 1 月，公司宣布拥有超过 1 亿用户。其首席营销官（chief marketing officer，CMO）维杜尔·维亚斯（Vidur Vyas）指出，在用户使用时间方面，Hike Messenger 显然已成为印度的第二大即时通信应用，紧追市场领军者瓦次普，远超脸书信使。Hike Messenger 之所以能成功地以小博大，是因为老练地运用了外部数据洞察并进行了明智的对标。

即时通信是一个很有意思的领域，已成为争夺未来线上市场的残酷主战场。最先进的即时通信应用都是在亚洲研发的，领军者包括微信（中国）、连我（日本）和 Kakao Talk（韩国），三者都已发展为将成熟电子商务解决方案、出租车叫车应用和移动支付融为一体的 App。这些 App 证明，即时通信应用将成为网络商务、在线内容以及其他在线服务的重要切入点，其发展前景已经开始引起西方互联网公司如脸书、谷歌、亚马逊等巨头的担忧。这种担忧在 2014 年时变得十分明显，当时，脸书以 190 亿美元的价格和在董事会中保留一位董事名额的条件收购了当时几乎没有任何营业收入的瓦次普，如今它已成为世界上亚洲地区以外的最大的即时通信 App。

印度仍然是一个竞争激烈的市场。尽管 Hike Messenger 是最新进入市场的玩家，但通过设计独特的本地化功能，它持续不断地从

表 4.2　各公司通信应用对比表

	推出时间	每月用户	市场	服务	市值 / 亿美元
微信	2011年1月	7亿（截至2016年3月）	中国	商务、社交媒体、电视、游戏、配送、打车、支付	836（截至2015年8月）
连我	2011年6月	4亿（截至2014年6月）	日本	商务、社交媒体、电视、游戏、配送、打车、支付	90（截至2016年7月）
KaKo Talk	2010年3月	1.7亿（截至2015年2月）	韩国	商务、社交媒体、电视、游戏、配送、打车、支付	30（截至2015年3月）
瓦次普	2010年1月	10亿（截至2016年1月）	世界各地	即时通信、语音通话	190（截至2014年1月）
Hike Messenger	2012年12月	1亿（截至2016年1月）	印度	即时通信、语音通话、文件共享、优惠券、游戏、聊天机器人、内容	14（截至2016年8月）

市场主宰者瓦次普和脸书信使那里夺走市场份额。Hike Messenger 的一个功能是所谓的"私密聊天",它可以隐藏正和你聊天的人的身份,深受青少年用户喜爱。维杜尔·维亚斯（Vidur Vyas）说:"我们首先认真倾听消费者的呼声,了解他们想要什么。诸如融文之类

的工具，正改变着营销与产品研发领域。我们用这些工具来理解消费者的需要，优先考虑我们应当投资于哪些产品功能，进而策划有效的营销活动。我们通过实时与竞争对手对标，来了解哪些功能管用，哪些不管用。"

Hike Messenger 的成功秘诀既简单又有效。2016 年 8 月，也就是诞生大约三年半后，Hike Messenger 获得了 1.75 亿美元的融资，公司估值为 14 亿美元。这一轮融资主要来自中国市场的领军者、微信的所有者腾讯公司。一夜之间，这家不被看好的当地公司获得了滚滚而来的资金，而且受到微信不断推出先进在线服务的经验启示，Hike Messenger 摇身一变成了马克·扎克伯格主宰印度网络市场时不得不考虑的竞争对手。

第 5 章　外部数据的重要性

孤立偏差和错误观念可谓形形色色。我们难免受它们的影响。每一家公司的内部运营，都充满了这些偏差和错误观念。有的错误观念无伤大雅，有的则会造成十分严重的后果。在本章中，我们将了解一种使整个美国社会付出数万亿美元代价并殃及数百万美国家庭的错误观念。这个例子提醒我们，孤立偏差和错误观念会变得多么危险以及随时参考外部数据有多么重要。

迈克尔·布瑞预见了次贷危机

2016 年度奥斯卡获奖电影《大空头》（*The Big Short*）由克里斯蒂安·贝尔（Christian Bale）、布拉德·皮特（Brad Pitt）、史蒂夫·卡瑞尔（Steve Carrell）、瑞恩·高斯林（Ryan Gosling）四人主演，讲述了四人通过分析 2003—2004 年与借贷相关的公开数据，发现了不为人知的事实。

贝尔在片中扮演的角色名叫迈克尔·布瑞（Michael Burry），是塞恩资本公司的一位对冲基金经理，早在 2005 年就预言了金融危机。为了解次级抵押贷款债券怎么操作，布瑞浏览了上百份不同的抵押贷款债券说明书,详细研究了其中十几份。根据原著作者刘易斯(Lewis)的描述,每份说明书有130页的指南。除了起草这些指南的律师之外,详细阅读它们的,仅有迈克尔·布瑞一人。布瑞利用这些信息做空房地产市场,最终为他的基金及客户赚取了巨额回报。

到2005年年中,综合股市指数已经下跌了6.84%,而布瑞的基金却上涨了242%。他已经开始婉拒其他投资者加入了。假如一位投资者从塞恩资本公司成立之日的2000年11月1日起一直持有这家公司的基金,那么,到2008年6月30日,扣除佣金与支出之后,他的收益将达到489.34%,基金的总收益为726%。而在同一时期,标准普尔500指数(S&P 500)仅仅回弹了2%多一点点。

布瑞在房地产市场上的操作使他赚得了财富。他察觉了其他任何人都没有察觉的迹象。他的超级秘密武器很简单:花时间阅读抵押贷款的买入资格说明书。这些信息是任何人都可以免费获得的。但是,没有人花时间去仔细阅读。

布瑞做空的金融工具被称为抵押支持债券(subprime mortgage-backed securities,MBS)和担保债务凭证(collateralized debt obligations,CDO)。在一般人看来,这些金融工具由业界最优秀的风险专家设计,绝对不会出问题。信用评级机构也给这些工具打出了最高的AAA级信用评级,也就是所谓的"信用极好"评级,而且,由于高收益,它们在市场上广受追捧。从2004年到2006年,美国的次级抵押贷款市场在抵押贷款市场中所占份额从8%增长至20%,在2007年3月的顶峰,其规模达到了惊人的1.3万亿美元。

这两种金融工具的最高信用评级基于这样的假设：房价预期将上涨，抵押贷款的拖欠率将停留在历史水平。布瑞在阅读抵押贷款的买入资格说明时意识到，这些假设是错误的。次级抵押贷款工具降低了放贷门槛。他发现了一种令人担忧的趋势，意识到拖欠率将高于历史水平，这会不断给房价施加危险的压力。

布瑞意识到，如果事态继续发展，整个世界都仰仗的这些先入为主的观念就不再适用了。所有人都错了，经济即将崩溃。他一而再，再而三地核实，但每次的结论都是一样的。

布瑞的观点与世间普遍的看法实在大相径庭，以至于高盛集团不得不制造一种新的金融工具，才能让他做空市场。要知道，做空信用评级AAA级的抵押贷款债券的想法，不但荒谬绝伦，也从未有人这么做过。电影中有这么一个令人难忘的场景：布瑞在他和高盛集团谈判的最后，开口要求对方提供担保，以免高盛集团到时无力偿还。他真的担心银行会破产，即使是高盛，他也不能放心。在布瑞的预言成真之前，他的投资者们大规模"倒戈"，纷纷把资金从他那里撤走，因为他们觉得布瑞疯了。

正如我们已经知道的那样，布瑞的预言成真了。到2007年10月，接近16%的次级可调利率抵押贷款要么已逾期90天，要么放贷机构已经开始启动抵押品回赎权的法律程序。这一比例大约是2005年时的3倍。到2008年1月，拖欠率上升至21%，同年5月再度上升至25%。从2007年8月至2008年10月，大约100万套美国住宅已经丧失了抵押品赎回权，房价被打压近30%。

2007年和2008年的次贷危机（subprime crisis）对美国和欧洲的经济产生了严重而持久的影响。美国经济陷入了深度衰退，2008年和2009年失去了近900万个工作岗位，约占所有就业岗位的6%。到2008年11月初，美国股市从2007年的高位下跌了45%。这场危机影响了所有美国人。在《外交事务》（Foreign Affairs）杂志发表的一篇文章中，前克林顿政府财政部副部长、投资银行家罗杰·C·奥特曼（Roger C. Altman）估计，从2007年6月到2008年11月，美国人损失了超过1/4的资产净值。

美国的危机还波及欧洲。希腊、葡萄牙、爱尔兰、西班牙、塞浦路斯等几个国家因无力偿还政府债务、无法为还债而重新筹资，或者无力拯救过度负债的银行，不得不寻求欧洲其他国家、欧洲央行（European Central Bank，ECB）以及国际货币基金组织（International Monetary Fund，IMF）的援助。2008年至2012年，欧洲国家还面临着高失业率和高达9 400亿欧元的严重银行亏损。

2010年4月3日的《纽约时报》（New York Times）上，已经享誉全球的迈克尔·布瑞在一篇专栏文章中表示，不管是什么人，只要认真研究过2003年、2004年和2005年的金融市场，都会意识到次级贷款市场中的风险与日俱增。布瑞还说："我并没有打算做空，我在花时间寻找做多的机会。我之所以做空抵押贷款，是因为不得已。对这类交易，但凡有一点点逻辑，我都会做空，而且不得不这样做。"

通过分析公开可用的资料，布瑞发现了一种遍及全球的、将会引发现代史上最大规模的金融危机的错误观念。

各国政府为金融危机收拾残局

次贷危机使得全世界的银行业巨头纷纷陷入困境。大家真的开始担心国际银行体系会崩溃,给每个人带来损失,也担心这个世界会迅速陷入金融末日。

我自己不是太了解当时的情况,但我知道投资银行家和哈佛大学毕业生都惊慌不已地将他们的储蓄换成了金子和偏远地区的农田。购买黄金,是因为他们担心货币贬值;购买偏远农田,是想逃离社会的动荡,并且种植作物以保证食物来源。接近这次危机核心的人们都被吓坏了。

世界各国政府不得不出手拯救陷入麻烦的银行,以防经济崩溃。美国、英国、比利时、法国、德国、冰岛、爱尔兰、卢森堡和荷兰等国纷纷出台紧急援助计划。放眼全球,人们开始对银行失去信心,担心自己存到银行的血汗钱一夜之间蒸发殆尽。只要某家银行显露出一丝疲态,人们就纷纷涌入银行想把钱取出来,造成挤兑风潮。

2007年9月14日,当英国第五大抵押贷款放贷机构北岩银行(Northern Rock)宣布需要政府资助时,人们的恐慌情绪爆发了。20亿英镑(约合157亿元人民币。——译者注)的储蓄在48小时之内就被储户取出,约占所有银行储蓄额的10%。在切尔滕纳姆市的一家分行,两位联合账户的持有者因为银行主管拒绝让他们从账户中取出100万英镑(约合877万元人民币。——译者注),把他堵在了办公室里，甚至还惊动了警察。原来，两位储户的资金保存在网络账户中，而北岩银行的网站由于大量储户试图登录而崩溃，因此两位储户无法如愿取款。到2008年2月22日，英国政府为防止北岩银行倒闭，宣布将其国有化。国有化的过程中，北岩银行的所有股东都被除名，但不管怎样，储户的储蓄还是保住了。

在危机最严重的时候，我开始担心自己在美国银行中的存款。为确保融文集团的安全，我指示财务部门将我们存储在美国的资金全都转移出美国和美国的银行体系。我们把多余的现金汇到我们在荷兰开设的银行账户中。这并不是因为恐慌而采取的举动，只是我不想冒任何风险。几天后，荷兰的银行也宣布被卷入危机之中，于是我们又将资金转移到挪威。挪威是我的祖国，处在欧洲气候寒冷的边缘地带，事实证明，在动荡不安的时期，这里是更适合保全资金和财产的地方。

次贷危机起源于美国，被伤得最深的也是美国。2008年10月3日，美国国会通过一部法律，宣布向国内各大银行提供7 000亿美元的紧急流动性援助，防止它们在危机中越陷越深。接受援助的机构包括了美国所有的大型银行，如房利美（Fannie Mae）、房地美（Freddie Mac）、高盛集团、美国银行（Bank of America）、摩根大通（JP Morgan Chase）、富国银行（Wells Fargo）、花旗集团（City Group）、摩根士丹利（Morgan Stanley）、贝尔斯登（Bear Stearns）和美国运通（American Express）。网站Propublica.org开通了一项名为"援助追踪"的功能，可以追踪每

OUTSIDE
INSIGHT

次贷危机引发了美国 20 世纪 30 年代"大萧条"以来最为严重的一次金融危机。起源于美国的这次次贷危机波及全球,对全球金融体系产生重大影响。

一笔资金和每一家接受援助的机构。全美共有43家银行和保险公司得到了援助计划的拯救(见表5.1)。贝尔斯登和美国国际集团(AIG)两家知名公司在危急存亡的最后一刻获得了援助。

表5.1　2008年危机之后，美国顶级金融机构获得的资金一览表

名称	机构性质	资金金额/亿美元
房利美	政府支持的企业	1 161
房地美	政府支持的企业	713
美国国际集团	保险公司	678
美国银行	银行	450
花旗集团	银行	450
摩根大通公司	银行	250
富国银行	银行	250
通用汽车金融服务公司（GMAC，现称为Ally Financial）	金融服务公司	162
高盛集团	银行	100
摩根士丹利	银行	100

贝尔斯登是一家有着85年历史的投资银行，因在20世纪30年代的"大萧条"（the Great Depression）中没有解雇一名员工而闻名，然而，次贷危机使得这家历史悠久的公司陷入困境。

到 2007 年底，公司的杠杆比率为 35.6 ∶ 1。2008 年 3 月 16 日，纽约联邦储备银行迫使贝尔斯登 CEO 阿兰·施瓦茨（Alan Schwartz）作出让步，将银行以每股 10 美元的价格出售给摩根大通公司。这一收购价格相当于在危机发生一年前的高价的基础上打了 92.5% 的折扣。在这笔交易中，拥有公司 30% 股份的 1.4 万名员工共损失了 200 亿美元。但不管怎样，银行保住了，员工的工作也保住了。

美国国际集团也深陷次贷危机之中。该集团是世界最大的保险公司，不仅在美国，它还承接了全球交易的大部分次贷工具的保险业务。2008 年 9 月 16 日，意想不到的事情发生了。这家有着 88 年历史、因为个人与公司提供保障而受到全世界人们信任的公司，却在为生存苦苦挣扎，甚至需要破产保护。美国政府以牺牲纳税人 850 亿美元为代价，将美国国际集团 79% 的股份收归国有。这对公司所有股东来说都是可怕的损失，但假如不采取这一措施，结局会糟糕得多。

雷曼兄弟的破产

受人尊敬的雷曼兄弟公司（Lehman Brothers）是次贷危机最著名的牺牲品之一。该公司由德国移民三兄弟于 1850 年在亚拉巴马州成立。该公司以期货投资起家，后来发展成美国第四大投资银行，仅次于高盛集团、摩根士丹利和美国美林银行。

2007 财政年度，雷曼兄弟报出了创纪录的 42 亿美元利润，营业收入达 193 亿美元。2008 年 9 月，这家有着 158 年历史，安然无恙地度过了两次世界大战、19 世纪的铁路公司破产、20 世纪 30 年代的"大萧条"、1998 年的俄罗斯债务违约以及 2000 年的互联网泡沫等无数次金融危机的公司，就这么走到了尽头。当次贷危机使雷曼兄弟轰然倒塌时，公司拥有的员工多达 26 200 人。

雷曼兄弟的破产，是深深加剧 2008 年危机的重大事件。在 2008 年 10 月这一个月，全球股市高达 10 万亿美元的市场资本被席卷一空，创下单月跌幅的纪录。

2008 年 11 月，正值全球金融危机最为惨烈之时，《纽约》杂志（*New York* magazine）发表了史蒂夫·费舍曼（Steve Fishman）撰写的一篇优秀文章。费舍曼在文章中详细探讨了当时刚刚破产的雷曼兄弟公司。他研究了公司 CEO 迪克·富尔德（Dick Fuld）在破产中扮演的角色，富尔德因恐吓其同事及竞争者而在华尔街人尽皆知。尽管雷曼兄弟破产是个极为复杂的事件，但费舍曼指出，富尔德和其他高管们对外界变化一无所知，是导致这家投资银行最终消亡的因素之一。

2008 年 6 月 9 日，也就是贝尔斯登破产后近 3 个月，雷曼兄弟发布了二季度损益表，宣告亏损 28 亿美元。公司以为，另一份与损益表几乎同时发布的声明，会使这种局面好转起来。结果事与愿违。尽管雷曼兄弟公司声称新的投资确保了 60 亿美元的收益，但其股票还是在那一年下跌了 54%。

第二部分 | 公司的决策方式会如何变化？

费舍曼援引了雷曼兄弟公司一位不愿意透露姓名的高管所说的话，将公司的破产归咎于高管团队采用的狭隘方法。他说："问题在于，了解外部世界情况的人并不多。无论是迪克·富尔德、约瑟夫·格雷戈里（Joseph Gregory，雷曼兄弟公司总裁。——译者注），还是公司的其他高层们都不和外人打交道。谁都不知道发布消息后会有多么糟糕的反应。"

另一位前高管说道："公司的环境太保守了。格雷戈里包装好了所有资料，好让决策结果显而易见。富尔德只管表示同意，高管委员会也没有起到任何牵制作用。"

核心观念错误导致的次贷危机的是灾难性的。盲信有害的次级贷款工具的后果席卷了全球银行业，威胁到了人们可以想到的几乎所有银行的生存。若不是世界各国政府出手拯救，会发生什么？如果银行纷纷倒闭，数百万人和公司的储蓄化为乌有，又会发生什么？其后果可能是灾难性的资不抵债、破产和失业。这种局面的荒谬程度，几乎难以理解。

次贷危机的根本原因是人们错误地以为这种被设计用来抵御风险的次级贷款工具不可能失败。当标准普尔公司（Standard and Poor's）等信用评级机构给各家银行评出"3A"的评级时，没有人再费力地去读那些"保留条款"（fine print，指写在协议和合同文件底部的保留条款，实际上是协议的附件，注明保留或限制性的条件。——译者注）。

关于金融危机，最不可思议的事情是，如果人们花点时间和精力去了解那些公开可用的信息,危机原本可以避免。布瑞是唯一一个这么做了的人。从次贷危机中,我们可以吸取很多教训。通过参考客观事实和外部数据,我们能够纠正许多已经形成的偏见与错误观念。

OUTSIDE
INSIGHT

雷曼兄弟的破产，是深深加剧 2008 年危机的重大事件。在 2008 年 10 月这一个月，全球股市高达 10 万亿美元的市场资本被席卷一空，创下单月跌幅的纪录。

第 6 章 实时的价值

2010 年 1 月 12 日，加勒比海地区，一场毁灭性的地震袭击了海地共和国这个资源极度有限的国家。世界各地的志愿者在 30 分钟内就建立了一个虚拟的情况室（situation room），开始通过社交媒体、电子邮件和文本消息等渠道来获得信息。他们使用了一个在肯尼亚首都内罗毕创建的、名为 Ushahidi 的开源平台，目的是创造在危机和政治动荡期间将信息众包（crowdsource，指利用互联网将工作任务分配给不特定的人群。——译者注）的产品。

地震过后，垮塌的建筑物和被毁坏的基础设施使得海地的局势更加混乱，但只要信息被上传到 Ushahidi 平台上，人们就可以更清晰地了解哪些地方急需集中相关的救灾资源。例如，在救援中，现场搜救人员向平台报告一家孤儿院没有饮用水，但搜救人员无法在混乱中定位孤儿院的位置。而 Ushahidi 的研究人员可以利用孤儿院的经度和纬度绘制地图，并且将位置发给离得最近的搜救人员。

而实现这一点的重要因素，就是实时数据。如果现场搜救人员采用其他方法来寻找孤儿院，比如通过网络搜索，那只能找到静态的、历史的信息。打个比方，谷歌地图不会显示哪条道路由于地震的破坏已经被堵死，无法通行；谷歌地图也无法显示某座桥梁已经

OUTSIDE
INSIGHT

2010年2月,智利海岸沿线发生了一场史上第五强烈的地震,殃及该国80%的人口。地震引发的海啸对智利南部和中部的沿海地区造成了巨大破坏。

垮塌。相反，Ushahidi 众包的地图绘制与信息传递，产生了动态的实时数据，并且提供了强大而切合实际情况的洞察。

人们认为，Ushahidi 平台拯救了数千人的生命。Ushahidi 这个词在肯尼亚语中的意思是"目击者"或"证人"，该平台由内罗毕一位名叫朱莉安娜·罗迪奇（Juliana Rotich）的软件研发人员构建。在 2007 年 12 月肯尼亚大选宣布结果期间，朱莉安娜目睹了她居住的城市在骚乱中毁于一旦。当时，大选结果遭到强烈质疑，引发了民众暴乱，结果，数千人背井离乡，数百人死于非命。但由于政府中断了所有的信息渠道，电视上只播放着肥皂剧和 20 世纪 50 年代的电影。

目睹这种情形后，朱莉安娜和 Ushahidi 平台的共同创始人决定搭建一个软件平台，将各地正在发生的事情标注在地图上，以帮助人们远离危险地区，同时指导援助组织有针对性地制订援助计划并掌握援助任务的轻重缓急。很快，这个平台在世界其他爆发危机的地方也得到了应用：起初是用在肯尼亚、马拉维、乌干达、赞比亚等非洲国家，如今也扩展到了中东、欧洲和北美地区。

2010 年 2 月，智利海岸沿线发生了一场史上第五强烈的地震，殃及该国 80% 的人口。地震仪记录了这场地震。地震的强度太大，以至于其引发的海啸使得全球 53 个国家都发出了海啸预警。海啸对智利南部和中部的沿海地区造成了巨大破坏，还波及了远在美国加利福尼亚州的圣迭哥市和日本的东北町。

来自智利首都圣地亚哥市的高中生塞巴斯蒂安·阿莱格里亚

第二部分 | 公司的决策方式会如何变化？

（Sebastián Alegría）尽管没有在地震中受伤，却亲身体会了这场大浩劫给智利造成的混乱、无序和食品短缺。2011年3月，日本也经历了21世纪以来最强的地震，地震引发了超过40米高的海啸。塞巴斯蒂安看到关于日本地震的电视新闻后了解到，日本研发了非常先进的地震预警系统，并在整个国家广泛配置。智利没有这样的系统，于是他开始思考，是不是能够做一些类似的事情。他遇到了极大的障碍。首先，他既不是地震学家，也不是技术人员，只是一个没有任何资源的学生。他怎么能幻想着做一件连本国政府都没能做到的事情呢？

塞巴斯蒂安的解决办法十分巧妙。他花了75美元买来一台国内地震侦测器，用一个名叫阿都伊诺（Arduino）的开源硬件来替代侦测器的内部电路。这个开源硬件很像树莓派（Raspberry Pi），是一种深受欢迎的小型开源微处理器。阿都伊诺解读地震侦测器获取的信号，将其传送到塞巴斯蒂安的服务器上，而塞巴斯蒂安的服务器又与推特相连。因此，当侦测器捕捉到信号时，它不会发出警报声，而是会通过用户名为@AlarmaSismo的推特账户发送推文，这个账户拥有44.2万名关注者。

根据震中的不同，在一场可预测的地震之前5~30秒，它会发出如下的消息：

Alarma Sismos @AlarmaSismos 2012年4月27日

大都会地区几秒后将出现震感。(圣地亚哥市 - 14:59:22)

这意味着，在今天的智利，有44.2万人可以在他们使用的任何设备上实时访问地震侦测系统，以提前知悉即将到来的地震。塞巴斯蒂安提出了最初的创意，而科技使他能够将这个创意转化为现实，让数十万人变得更安全。Alarma Sismos推出以来，已经准确地侦测到了50次地震。

公共安全也是大曼彻斯特警方重点关注的问题，2011年8月，他们使用实时社交媒体监测手段来管理和控制民众骚乱。当时，一位名叫马克·达根（Mark Duggan）的男子被伦敦大都会区警察局的警察开枪射杀，引发了数千人走上英国街头抗议，进而演变成骚乱。大曼彻斯特警方密切监控社交媒体，以定位抢劫者、被破坏场所，并阻止骚乱群体有组织的活动，使警方能够协同应对犯罪嫌疑人展开抓捕。这是英国警方首次以这种方式运用实时社交媒体。

他们监测了脸书、推特、Flickr和优兔，以寻找至关重要的线索和情报。与此同时，@gmpolice推特账号成了官方的发声渠道，也成了想要了解实际情况的公众们的实时消息来源。在街头骚乱发生后的六小时内，大曼彻斯特警方建立了"头号通缉嫌犯"的Flickr网页，贴出了通缉的嫌疑人的照片。

在高峰时期，@gmpolice拥有10.1万名推特关注者和7 000名脸书好友。超过1万人观看了警方发布的视频，而警方"头号通缉嫌犯"网页的点击次数超过百万。最重要的是，警方恢复了公共秩序，市民的安全得到了保障，数百名抢劫者被逮捕。此次事件后，大曼彻斯特警方宣传部门负责人阿曼达·科尔曼（Amanda

第二部分 | 公司的决策方式会如何变化?

Coleman)谈到,警方在骚乱期间感受到了外部数据的重要性。她说:"8月9日的骚乱使传播专业人员经历了真正的戏剧性改变。我们多年来基本没怎么变过的应急预案,如今已被废除并重新制定了。"

大曼彻斯特警方、塞巴斯蒂安·阿莱格里亚和朱莉安娜·罗迪奇都以创新的方式运用科技,创造出了包含实时洞察的解决方案,为数百万人带去价值。如果企业充分利用这种实时的外部数据,就可以获得类似的机会。

从创新管道(innovation pipeline)的缩短,到数字化广告活动推出速度的加快,世界上任何事情都会以越来越快的速度发生,每月和每季对过去情况的回顾,变得越来越没有意义了。与其等着竞争局势的变化在数周或数月后冲击你公司的内部业绩,不如在这些改变影响公司内部业绩之前先察觉市场的变化。必和必拓公司(BHP Billiton)就是这样一家牢牢抓住洞悉市场机会的公司。

必和必拓是世界上最大的矿业公司,总部位于澳大利亚墨尔本。公司在澳大利亚和英国都上了市,是世界上顶级的铁矿石、冶金用煤、铜和铀的生产商,而且在常规和非常规的石油、天然气和煤等业务中占据举足轻重的地位。

任何一家业务遍及全球的企业,都必须确保传递给最高决策者的信息是全面、深刻和及时的。同时,至关重要的是,这种信息能以一种协调的方式迅速传递到重要的高管那里,以便每一位高管都能平等地、完整地获得信息。

必和必拓所在的行业受到全球市场波动以及政府政策的影响,

因此拥有简明、即时、独创的情报，在战略上是很有必要的。同样地，采矿行业的本质，意味着新闻中的外部数据洞察，既有可能来自全球性的金融报纸杂志，也有可能来自矿业公司拥有矿区和员工的偏远地区的地方免费报纸。

因此，必和必拓在世界各地的主管们每天都会接到融文集团的报告，以了解与他们经营范围最相关的信息，持续掌握他们自己的组织以及竞争对手的最新情况，也知悉能源政策的变化和行业新闻。融文集团的监测和分析来自众多不同消息源的数字面包屑。重要的信息可能包括关于政府立法的意见、竞争对手的动向以及投资情况，以及至关重要的财务情况和采矿新闻。

这种经过简化的来自世界各地的实时外部数据洞察，使公司能够更加敏捷和高效地采取行动，特别是响应危机。这种敏捷和高效，在2015年11月5日变得至关重要。那一天，由必和必拓及其在巴西的合作伙伴淡水河谷公司（Vale）各出资50%建立的巴西萨马科矿山（Samarco）发生了大坝溃决事件。这场发生在米纳斯吉拉斯州东南部地区的悲剧，造成了至少15人死亡，并且致使750人无家可归，是巴西有史以来最严重的采矿事故之一（见图6.1、图6.2）。

在危机期间，随着事态的发展，必和必拓利用融文来监测、分析、更新信息，并通知高管团队。这使得它们能在公众压力之下迅速而恰当地响应危机。2015年11月10日，英国《卫报》（*The Guardian*）在一篇报道中对比了必和必拓与淡水河谷对各种事件的响应：

第二部分 | 公司的决策方式会如何变化？

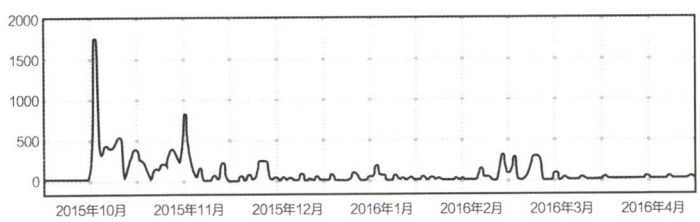

图 6.1　媒体提及萨马科大坝的次数

资料来源：融文集团。

此图生动展示了媒体提到萨马科大坝的次数如何从 2015 年 10 月的 0 次飙升至 2015 年 11 月 5 日的 2 000 次。

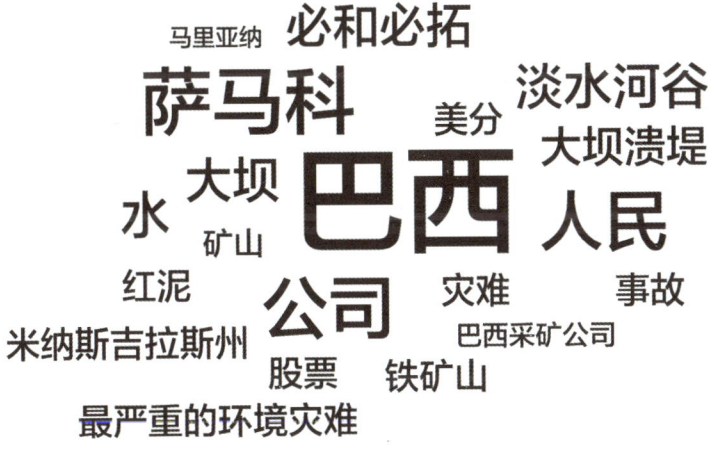

图 6.2　2015 年新闻文章文字云

资料来源：融文集团。

这片文字云呈现了 2015 年与大坝、萨马科、巴西三个关键词有关的消息文章。必和必拓在这些消息中占据显著位置。

必和必拓的公共响应一直十分迅速，而 2013 年在整个巴西总出口额中占 10% 的淡水河谷，迄今为止却反应冷淡。

必和必拓首席执行官安德鲁·麦肯齐（Andrew Mackenzie）在灾难发生后数小时内举行了一场新闻发布会，宣布他将飞赴巴西展开事故调查。公司还在官网顶部用英语和葡萄牙语几乎每天更新这场悲剧的最新进展。

相反，淡水河谷在溃坝事件发生 24 小时左右发布了只有 5 句话的声明，在声明中提到萨马科的问题。淡水河谷首席执行官穆里洛·费雷拉（Murilo Ferreira）周六时未经宣布地视察了马里亚纳群岛，公司两天后才披露了这个消息。

可口可乐：保证果汁的口味稳定

可口可乐的果汁品牌美汁源（Minute Maid）也利用实时数据的力量来解决问题。在 2013 年彭博社（Bloomberg）发布的一篇网络文章中，可口可乐的高管描述了他们怎样运用实时外部数据帮助公司将"自然产物"进行设计和标准化的。

美国的果汁市场规模达 46 亿美元，美汁源这个品牌的主打产品是用巴氏消毒法生产的、不使用浓缩液的真果汁。这些果汁的生产过程比瓶装软饮料复杂得多，但消费者还是乐意多花 25% 的钱来购买。原材料的农作物可能来自美国佛罗里达州、加利福尼亚州以及巴西或以色列，对可口可乐公司来说，使橙汁的口味和质感保持一致就成了一个挑战。再加上水果、劳动力、运输、供水以及病害等可变因素,你应该能明白美汁源要解决的问题有多么复杂了。例如,2014—2015年,由于所谓的"柑橘黄龙病",美国柑橘产量下降了35万吨,只剩580万吨。柑橘黄龙病是一种由亚洲柑橘木虱传播的病毒。人们估计,这种植物木虱感染了佛罗里达州70%的柑橘树。

后来,身为美汁源最大客户的一家快餐食品公司宣布,要将公司使用的橙汁饮料中的水果含量降低至极少量,以保证饮料品质的稳定和可预测。该客户的这一举措,使美汁源面对的形势更加复杂。

美汁源将目光转向数据。它分析了600种橙汁的味道,包括酸度、甜度以及其他口味特点,用众多变量构建了一个复杂模型,以确保其产品味道的稳定、可预测和可信赖。这些变量包括从详尽的卫星图片中预测的农作物产量、天气、成本压力和地区偏好等信息。

运用这些数据,美汁源与一家总部位于亚特兰大的名叫营收分析(Revenue Analytics)的预测与优化公司合作,创建了一个生产模式,将橙汁的生产标准化。在橙汁的生产中,果肉是个重要因素。美汁源公司研发了一个精准的配方,在考虑到各地区居民不同偏好的基础上使橙汁的口味和质感保持一致。最为重要的是,这种方法是动态的,可以根据输入的外部数据来调整:如果某个柑橘产地遭到了飓风袭击或出现了一场意想不到的霜冻,又假如某地出现了劳工或其他类型问题导致供应链中断,整个生产流程可以在10分钟之内重新制定。

这不是什么秘密配方，而是一个被美汁源称为"黑皮书"（The Black Book）的算法。算法决定着生产流程的各个方面，从采摘柑橘的最佳时间到最终摆进世界各地超市冰箱中的饮料的口味。生产的方方面面都是可控的，意味着橙汁不再受到大自然各种难以预测的情况的影响，而是被算法、准确的流程以及严谨的实时分析管控着。

沃尔玛：飓风来临时，你其实更需要草莓饼干

外部数据洞察的影响在每个行业中都十分显著，但对零售业影响最甚。随着互联网巨头以微薄的边际利润从零售业中分走一部分市场份额，如今这个行业已成为竞争激烈的市场，各公司的目标都是将顾客吸引到店里并培育忠诚度。大型零售商纷纷推出消费者App，让顾客可在App上直接进行价格对比。假设我在英国的任何一个小镇走进一家Kiddicare商店，可以在智能手机上看一看这个品牌发布的App，App会在一瞬间将商品的价格与其在亚马逊上的价格匹配起来，并进行实时对比。

2015财政年度，沃尔玛这家世界最大的零售商报出了4 850亿美元的营业收入，员工人数达220万名。沃尔玛每小时处理的业务超过100万笔，向数据库中提供的数据量估计多达2.5拍字节（petabytes，计算机存储容量单位，也常用PB来表示，1 PB = 1 024 TB。——译者注），是美国国会图书馆数据量的167倍。

第二部分 | 公司的决策方式会如何变化？

最近，沃尔玛请惠普建设了一个能够存储 4 拍字节数据的数据库，这意味着它们能把全世界 6 000 家沃尔玛商场内所有销售点终端机上产生的每天约 2.67 亿笔业务全都记录下来。通过在这些数据上运用机器学习，它们可以找出定价策略和高效广告活动的模式，并更好地管理库存和供应链。

沃尔玛不仅是单纯地分析实时内部数据，它们还关注实时外部信息。沃尔玛每天会分析近 1 亿个关键词，以优化在谷歌关键词广告上的出价。采用这种方法，沃尔玛就能评估大批产品的变动需求，以此规划价格策略，并决定囤积哪些产品。

通过这些数据源来了解客户，可以产生切合实际的洞察。用分散的方式处理大数据，有时会产生片面的结论。当某地即将迎来一场飓风时，人们一般会预测手电筒、蜡烛、瓶装水等产品会在当地大卖。但是，沃尔玛将气象数据与公司内部数据结合起来，获得了更多令人吃惊的发现。例如，啤酒的销量也会大幅度增加。

最令人震惊的是，销量增长最多的产品是一种价格低廉、易于保存的草莓酱饼干。沃尔玛发现，这些预先烘焙的糕点销量在受飓风影响最严重的地区增长了 7 倍。这意味着，无论何时，只要沃尔玛发现有关部门发布了飓风预警，就可以要求店面经理将这种草莓酱饼干放到现金收银台的附近。

2011 年，沃尔玛再进一步，以 3 亿美元的价格收购了位于加利福尼亚州山景城的数据分析公司科斯梅克斯（Kosmix）。这家初创公司如今已更名为沃尔玛实验室（WalmartLab），专门负责整合来自社交媒体的实时信息。通过分析社交媒体，沃尔玛现在已能实时预测客户的需要，并更好地管理其庞大的存货系统。作为一家有着 32.7 万名脸书粉丝并且每周被各种社交媒体提到近 30 万次的零售商，实时分析来自社交媒体的数据流能够使沃尔玛获得高度个人化的客户洞察。

如果说交易历史，或者说内部数据，表明了过去顾客买过什么，那社交媒体数据就显示了他们将来可能会购买什么。2011 年，沃尔玛的团队根据人们在脸书和推特等社交媒体上的交谈，准确预测了顾客对棒棒糖蛋糕的兴趣。几个月后，团队又注意到，顾客对电动榨汁机越来越感兴趣，这与《濒死病胖子的减肥之旅》(*Fat, Sick and Nearly Dead*) 这部讲述果汁饮料的纪录片大受欢迎相关。

董事会一般每个季度开一次会，但在三个月的时间里，零售业可能发生巨变。沃尔玛的案例表明，可以使用复杂的分析实时了解客户需求。对外部和内部数据的细致分析，使沃尔玛能够推动销量、优化定价策略，并作出更优的存货决策。

通用电气：用实时数据减少航班延误

2012 年 11 月，卡歌网（Kaggle）、阿拉斯加航空公司（Alaska Airlines）和通用电气（General Electric）推出了"飞行任务挑战"的第一阶段竞赛，该竞赛的奖金金额高达 25 万美元。

卡歌网是世界上最大的数据科学家网络社区。它们组织这些竞赛，是为了解决复杂的数据科学难题。这次，它们用"飞行任务挑战"竞赛来试图根除航班延误这一现代乘客的痛苦之源。航班延误造成了数十亿美元的经济损失，更别提给乘客们带去的巨大心理压力了。

"飞行任务挑战"竞赛的目的是利用外部数据使航班的安排更加高效，使飞行员能够更准确地预测航班的着陆时间。竞赛主办方给每个参赛团队提供了两个月的飞行数据，比如抵达时间、离港时间、天气以及飞行的经度和纬度等材料。

竞赛要求参赛团队设计一个算法，为飞行员提供关于飞行剖面图的实时数据，也就是飞机起飞之前和着陆以后的模式。典型的商业航空公司的飞行剖面图包括7个阶段：飞行前准备、起飞、离港、飞行途中、降落、进场和着陆。因为存在诸多不同因素，比如风速、飞机的大小及动力等，每个阶段都是独特的。

飞行剖面图对航空业至关重要。例如，飞机在获得"放行许可"之前，或者说在飞行计划获批之前，不允许离开机场。飞行计划由控制塔制订，塔台工作人员要考虑各种可变因素，比如其他飞机以及天气等。

然而，还有许多别的因素可能导致飞机延误。如果飞机逆着大风飞行，会减缓速度，飞行员必须请求飞行管制员允许燃烧更多的燃料，以准时着陆；这会影响飞行的成本，并且需要经历一个获得批准的过程。假如这些过程能够实现自动化，对旅客和航空公司来说都大有裨益。如果没有航班延误，2014年赴外地度假的英国人总计会少浪费超过28.5万个小时，相当于32年零8个月。

"飞行任务挑战"竞赛要求参赛团队设计一个使飞行更加高效的算法，使得飞行剖面图的执行更加高效，好让航班到达更加准时。

2013 年 3 月，主办方宣布胜出的团队是"Gxav &*"。这个团队有五位成员，没有一个人具有航空业背景。他们利用从通用电气获取的数据，使用预测建模软件来估算飞机抵达登机口和跑道的时间，与同行业标准相比，他们的估算优化了 40%～45%。关键就在于在确保不会延误的情况下作出最优化的决策，这有助于航空公司减少旅客在登机口拥堵的现象，并且更加高效地管理机组人员。有人预计，采用这种方法将节约旅客们在登机口前 5 分钟的时间，对一家中等规模的航空公司来说，意味着每年节约人员成本 120 万美元，节约燃料成本 500 万美元。

本章讨论的案例在着眼点和创造的效益方面各不相同。Ushahidi 和塞巴斯蒂安·阿莱格里亚的地震侦测器用于拯救他人生命；美汁源将流程标准化，使得生产的橙汁口味保持一致；沃尔玛预测了顾客的需要；航空业则想方设法减少航班延误，着力节约因此而浪费的数十亿美元。但这些案例有一个重要的共同点，那便是它们全都得益于实时分析。随着越来越多的公司理解了外部数据洞察的重要性，再加上各公司需要掌握它们自身所处的竞争局势的变化，实时分析将成为每位高管的工具箱中的一项必需品。

第 7 章 对标：看清你的真实处境

2006年春，我们在山景城的办公室组建了融文集团美国分公司。在我们的第一批客户中，有一家是在互联网视频行业几乎毫无名气的本地初创公司，其员工大约20人。我们并不十分了解它们在做什么，也不懂它们的业务模式。不过，令我们感兴趣的是这家网络视频公司利用我们服务的方式。这家公司的名字叫优兔。

优兔请我们计算它们在网络媒体中实时的声音份额（也称"媒体比重占有率"，是指某一品牌广告在同媒体广告投放中所占比例，声音份额越大，越能清晰传递广告信息、有效突出品牌形象。——译者注），以便与它们的竞争对手比较。2006年，视频行业只有几家公司，人人都想知道谁将发展成行业的龙头老大。起初，媒体上提到每一位竞争者的次数大致相当，包括Vimeo、每日影像（Dailymotion）、Stupidvideos、Break、谷歌视频、MSN等，但随后，局面开始改变。

2006年初夏，优兔开始甩开竞争对手。它们的势头越来越强劲，获得了更多媒体的报道，借此机会强化了它们的品牌，反过来又吸引了更多消费者。这是优兔发展成互联网视频行业领军者的早期信号。2006年10月9日，谷歌以16亿美元的价格收购了优兔。今天，这家网络视频分享公司已成为全世界搜索视频时的首选，从键盘猫（Keyboard Cat）、"戏精"松鼠（Dramatic Squirrel）到马丁·路德·金（Martin Luther King）的演讲《我有一个梦想》（*I Have a Dream*）等，都可以在优兔上找到。

"赢家通吃"，在这个特别的行业，规模就是一切。优兔通过追踪声音份额，明智地比照竞争对手。它们自己很难了解到竞争对手的用户增长情况和其他吸引客户的指标，但通过转向外部数据并计算在网络新闻中的声音份额，它们获得了来自第三方的客观标准，以了解它们与同行业竞争对手竞争的能力。

对标是衡量成功与否的最客观的方法。你公司在封闭的状态下表现有多么出色其实并不重要。更重要的是将你公司的表现与竞争对手进行对比。举例来讲，假如你希望将客户满意度提高10%，为此，你定义了新的流程、培训了下属员工，经过一年的艰苦努力后，你测算发现客户满意度提高了15%。很不错的结果，对不对？但是请等一下，你怎么知道你在市场中的地位是不是真正提高了？竞争对手的情况呢？它们是不是也在着力提升客户满意度？如果它们的市场地位变得比你公司更高，那么，跟一年前的情况相比，你公司的情况实际上更糟糕了。若它们保持不变，你才算是提高了你的地位。如果不和竞争对手进行对标，你就不会了解真实的情况。

只有进行对比,数据才有价值

对标管理是罗伯特·C.坎普(Robert C. Camp)建立的,他曾在杜邦公司(DuPont)和美孚石油公司(Mobil Oil)担任高管,最后在施乐公司(Xerox)负责产品、服务和业务流程的最佳实务。坎普将对标定义为:"搜索行业中带来最优绩效的最佳实务。"

20世纪80年代初,坎普在施乐工作时,一家日本公司迅速获取市场份额,并以施乐产品的成本价出售其高质量的产品,与施乐展开竞争。面对激烈的竞争,坎普发起了一个名为"产品质量和特性比较"的项目,其中包括购买竞争对手的产品,然后将其拆解并分析。施乐了解到,日本人成功占领市场的关键是采用了极其高效的制造流程,于是,坎普说服施乐的高管团队,将他们调查的着眼点转到竞争对手的组织层面。

来自柏林弗劳恩霍夫生产系统和设计技术研究所全球对标网络(Global Benchmarking Network,GBN)的扬·帕特里克·卡普(Jan-Patrick-Cap)说,除了公司之间基本的比较之外,对标"实现了对竞争格局的客观监测,以辨别可使杰出竞争优势持续保持下去的最佳实务"。

对标并不是件新鲜事,卡普引用了亨利·福特(Henry Ford)在一家屠宰场内部察看工作流程后在自己的汽车厂内引入流水装配线的故事。行业内部各公司之间相互学习的例子有很多。例如,医学界引入了埃里克·莱斯(Eric Ries)在《创新者的窘境》(The

Innovator's Dilemma）一书中介绍的精益原则（lean principles），以减少手术过程中的误差。又如，迈凯伦一级方程式车队利用对赛车运动的研究成果，确立了迈凯伦应用技术（McLaren Applied Technologies），并将其应用到其他行业之中。比如，迈凯伦与葛兰素史克公司（GlaxoSmithKline）合作，以提高后者在梅登黑德镇的牙膏厂的绩效。

卡普指出，只有以一种易于理解，可以让人辨别出根本原因及应当采取的行动的方式来整理数据，对标才是成功的。现代的对标软件使我们能够以过去不可能的方式评估信息，关于这方面，我将在第13章详细阐述，在那一章中，我将关注一个新的软件类别的兴起。显然，任何一种使某个组织可以客观研究自身情况、市场情况和竞争对手情况的工具，都需要成为其战略思考的核心。管理咨询公司贝恩公司（Bain & Company）指出，最近15年来，对标一直是最重要的管理方法。

卡普说："如果某个组织不进行对标，它们就是盲目地漫步在这个世界上，对大量珍贵信息视而不见。如果你不对标，就是死盯某个单一的数据点，是没有丝毫价值的。只有当你将数据点与其他数据进行对比，并确定它们之间的联系，数据点才有价值。我不相信哪个组织能够不进行对标而生存下去。"

品牌竞争力不是凭空出现的

一篇发表于 2015 年的论文分析了人们利用在线评论来预测品牌未来竞争力的方式。论文作者们搜集了 77 家消费者电子产品和技术品牌公司 2009 年 11 月—2011 年 2 月的数据，这些公司包括苹果、索尼（Sony）和摩托罗拉（Motorola）。作者们每个月都通过媒体监测服务公司尼尔森（Nielsen）监测 7 367 个独特的信息源，从论坛到博客文章，从社交媒体到媒体平台。

监测品牌在社交媒体上被提到的次数，面临的一大挑战是内容太多。论文作者们意识到这一点，在文章中指出，苹果产品 2013 年在社交媒体上被提到了 6.01 亿次。他们说："遗憾的是，取得的数据通常很繁杂，因此难以提取出有意义的市场洞察。"

出乎作者们意料的是，他们发现，社交媒体情绪与品牌未来竞争力，只有在比照某个品牌的竞争对手来分析时，才能发现较强的相关性。

这篇论文指出，品牌不能孤立地存在。消费者对某个产品的情绪，也不可能单独地存在，还要考虑他们对同类品牌的看法，因为品牌的优势是相对的。某位消费者可能在通用汽车与道奇卡车之间更喜欢道奇卡车，但这两种车他都不会买，因为他一直以来购买的都是丰田的产品。

作为消费者，我们一直不停地根据自己的偏好来对比和决定。比如，我们喜欢某个特定品牌的洗涤剂，因为它比另一个品牌效力更持久、对环境更友好或者价格更低廉。它可能不是我们理想的产品，但我们是通过对比可行的选择来作出决定的，而这就是对标。

对标让公司的缺点无处可藏

对标的强大之处在于它的透明性。它是残酷的真相，让你毫无保留地看到你的公司在世界上所处的位置。你公司的缺点无处可藏。

例如，鲍尔市场研究公司（J. D. Power）的年度调查已成为汽车行业对照竞争对手衡量自身的一种方式，该调查运用新车品质调查（initial quality study，IQS）来分析新车在 90 天之内出现的问题，运用车辆可靠度调查（vehicle dependability study，VDS）分析车辆在 3 年内出现的问题。而美国交通部的准时到达率和行李遗失数这两项指标，则是航空公司进行对标的另一个外部测量指标。

许多公司引入了"单项优势"的对标。例如，与某个行业最好的物流配送系统对标，再与另一个行业的创新管道对标，以确立自己的绩效标准。《哈佛商业评论》（*Harvard Business Review*）发表过一个案例研究，讲述了一家美国商业银行的故事。该银行位于新泽西州，是一家零售银行，1996 年底拥有市值 8 亿美元，十年后以 85 亿美元的价格出售给多伦多道明银行。该银行的领导团队拒绝比照花旗集团之类的其他银行来对标，而是盯着星巴克（Starbucks）、塔吉特（Target）、百思买（Best Buy）等零售商，最终作出了诸如周六和周日开门营业等创新之举。

相反,内部数据更难解释。部门负责人和生产主管都在用不同的报表格式和不同的标准来证明他们的部门在企业中是最佳部门,你很难将它们进行对比。透明且标准统一的对标数据能够揭示出最真实的现状,而这也是相关决策在董事会上能有足够说服力的保障。

把握住优势,才能够在竞争中站稳脚跟

美国邮政管理局(US Postal Service,USPS)是一个独立的政府组织,其独特之处在于得到了宪法的授权。该机构拥有美国最庞大的零售网络,超过麦当劳、星巴克和沃尔玛三个巨头在美国的零售网络之和。

2014年,邮政管理局处理了1 554亿份邮件,相当于全世界邮件总数的四成。它是美国最大的机构之一,拥有3.1万个零售网点和48.6万名全职员工,2015财政年度的营业收入达689亿美元。也正是这一年,该机构亏损了51亿美元,少于2014财政年度55亿美元的亏损。不过,由于电子通信技术的兴起,它面临着发展困境,使用其核心服务的人数日渐减少。美国邮政管理局的竞争对手包括三家公司,分别是美国境内的两大全球快递公司联合包裹(UPS)和联邦快递(FedEx),还有德国的敦豪速递(DHL)。美国邮政管理局的规模与零售网络如此之大,使得联合包裹和联邦快

递都要付费给美国邮政管理局,好让它帮助自己将客户的4.7亿个包裹递送到居民手中。

根据Stamps.com网站的研究,美国邮政管理局在交货时间和成本方面的表现都领先于联合包裹和联邦快递:前者的平均交货时间为1.79天,后两者的分别为2.75天和2.21天;前者的平均交货成本为每个2磅(约合0.9千克)重的包裹7.34美元,后两者的分别为10.45美元和10.40美元。在交货时间和价格上的对标,显示出美国邮政管理局在为客户提供竞争性的快递服务方面表现相对较好。

美国邮政管理局决心在客户对公司的观感以及公司所占声音份额两个指标上与竞争对手进行对标。作为一个政府拥有的,也是全美国规模最大的组织,最重要的是在客户心中保持良好形象。此外,它还面临着巨大的商业挑战,不仅要面对数字通信技术的兴起导致物理邮件日益减少,还要面对资源充足、在广告方面斥以巨资的竞争对手。

美国邮政管理局的运营规模如此巨大,连要监测媒体对这个机构的报道也成了一项艰巨的任务。此外,与竞争对手在客户观感和声音份额两个指标上进行对标,有助于美国邮政管理局了解员工的行为如何影响整个组织。

美国邮政管理局与融文集团共同追踪媒体提及自家机构的次数,并与竞争对手进行比较,以理解市场怎样看待自身品牌。分析表明,2015年,美国邮政管理局在美国市场上占有13%的声音份额。有意思的是,尽管这个组织比竞争对手被媒体提到的次

第二部分 | 公司的决策方式会如何变化？

数更少，但总体上，它在媒体着重报道（media prominence）方面却排名第一（见图7.1）。媒体着重报道是一个根据潜在收视人数以及被媒体提到时获得着重报道的次数来计算的指标。这表明，尽管美国邮政管理局得到媒体报道次数最少，但却赢得了媒体最高质量的报道。

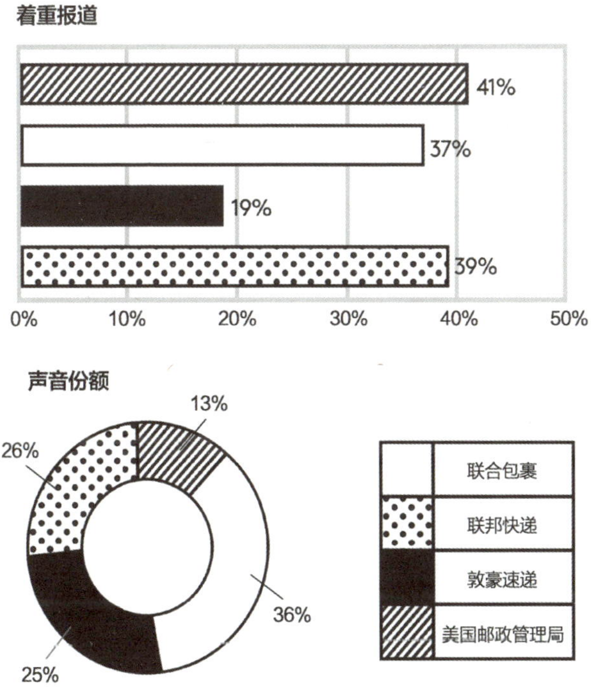

着重报道

	百分比
美国邮政管理局	41%
联合包裹	37%
敦豪速递	19%
联邦快递	39%

声音份额

- 联合包裹：13%
- 联邦快递：26%
- 敦豪速递：25%
- 美国邮政管理局：36%

图 7.1　根据 PV 计算的声音份额

资料来源：融文集团。

注：PV = 潜在收视人数，这个数据用来描述公司在被媒体提到时吸引了多少观众的眼球。

美国邮政管理局品牌故事的另一个有趣的地方在于,尽管被报道的次数较少,但它明显比其他竞争对手在客户中赢得了更多的好感。将4家公司2014年在网络媒体上被提到的次数并排起来比较,上述现象十分明显。在百分比上,每家公司获得了12%～13%的好评。但美国邮政管理局的差评数量大约是联邦快递的1/4、联合包裹和敦豪速递的一半(见图7.2)。最多的差评是客户对交货的即时性以及交付质量不满意。这里的对标结果表明,美国邮政管理局能够在竞争中站稳脚跟。

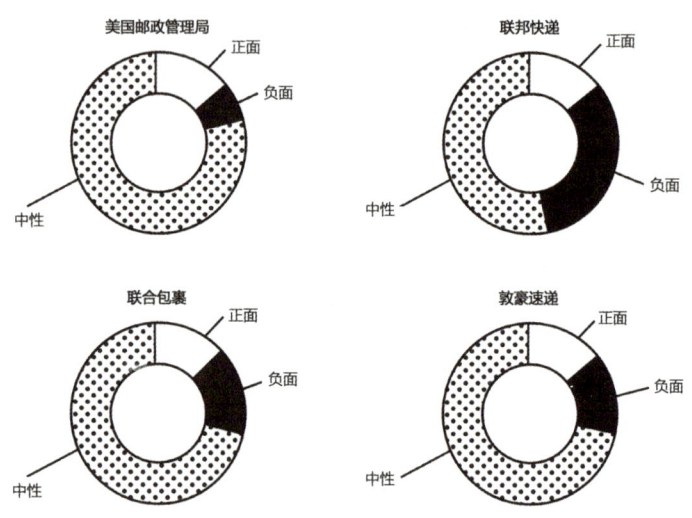

图7.2 2014年消费者情绪

资料来源:融文集团。

各公司对自身表现的表述，往往不一定真实。第三方的同类型对标是衡量公司表现的客观公正而且绝对诚实的方式。对美国邮政管理局来讲，其品牌影响力以及客户满意度十分重要，因为绝大部分客户并不在乎递送包裹的到底是哪家公司，只要速度够快、价格够划算就行。美国邮政管理局的分析表明，在受关注程度上，其他几家私营公司比自己的品牌更出色，但说到高质量的媒体报道以及客户满意度，它们胜过了竞争对手。

对标，让你"透视"整个行业

15世纪初，菲利波·布鲁内莱斯基（Filippo Brunelleschi）这个没有受过正式农业训练的急躁金匠重新发现了直线透视图。直线透视图使艺术家能够使用一个单一的消失点（指透视画中平行线的汇聚点。——译者注），在二维的画布上营造三维空间的假象。

由于超常的真实性，布鲁内莱斯基的直线透视图迅速传遍整个意大利，进而在整个西欧广泛流传。布鲁内莱斯基通过他的直线透视图将二维的平面视图转换成三维视图，让画作能够反映出现实物体在三维空间中的位置关系。同样地，对公司来说，对标提供了分析公司优势与劣势的更丰富和更切合实际的视角。公司运用外部数据与竞争对手进行对标，能够以诚实而实际的视角了解公司在其竞争格局中处在什么样的位置。

第三部分
PART 3

实践外部数据洞察

智能手机市场是世界上竞争最激烈的市场之一。黑莓、诺基亚、索尼、爱立信和微软都曾投入数十亿美元,但却都铩羽而归。一加手机进入这个市场,就好比圣经中的大卫要与巨人歌利亚搏斗。它到底有怎样独特的手段呢?

第 8 章 大数据时代的决策方式

2015 年 10 月 22 日星期四,世界上最大的建筑和矿山机械制造商,卡特彼勒公司的 CEO 道格·奥伯黑尔曼(Doug Oberhelman)在三季度的盈利报表中为华尔街带来了令人失望的消息。奥伯黑尔曼在报表中表示,调整后的每股盈利为 75 美分,营业收入为 109.6 亿美元,没有达到分析师期望的 78 美分和 112.5 亿美元。他承认,公司正在经历"难关",不得不调整当年的收益期望,并且大幅度提高他对 2015 年重组费用的估计。他告诉美国全国广播公司财经频道的《财经论谈》(*Squawk Box*)节目:"我们的好日子会到来的,但不是现在。"

有一个人对卡特彼勒的盈利报表丝毫也不感到惊讶,这个人便是专门从事预测分析的初创公司 Prevedere 的创始人兼 CEO 理查德·瓦格纳(Richard Wagner)。瓦格纳在跟我们的一次面谈中解释说:"早在 2015 年初,我们就对卡特彼勒作过一些分析,发现 2015 年第三季度它们的表现将会很疲软。"

瓦格纳和他的团队通过分析过去的数据,发现卡特彼勒的营业收入与外部宏观经济因素密切相关,如能源价格、采矿活动及中国的需求等。考虑到这一点,他们构建了一个预测模型。该模型预测,由于宏观经济因素出现了对卡特彼勒不利的发展趋势,在2015年二季度和三季度,该公司与上年相比,营业收入将下降(见图8.1)。

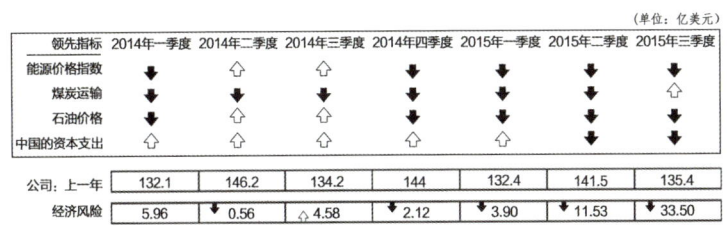

图8.1 Prevedere公司经济风险报告:
卡特彼勒与上年同期相比的季度营收情况

资料来源:Prevedere公司,2015年。

> Preveder的分析显示,从2014年四季度开始,卡特彼勒的营业收入压力很大,一直到2015年三季度,这种压力仍在增大。在"经济风险"这一行中,可以看到所有因素的净效应。

研究Prevedere公司的预测模型可以看出,宏观经济气候产生的负面压力,已经在2014年四季度显现,并在进入2015年后与日俱增。Prevedere的模型将2015年三季度卡特彼勒承受的负面压力量化为大约30亿美元,这份压力使得公司的业绩低于华尔街的预期。

遗憾的是,卡特彼勒没能从瓦格纳的分析中受益,因为那个时候,瓦格纳并没有公开分析结果。他们的初创公司刚刚起步,用卡特彼勒的案例来验证他们的模型。不过,从那以后,瓦格纳在许多财富1 000强公司中验证了他的预测模型,如全美互惠保险公司(Nationwide Insurance)、宝马汽车金融服务公司(BMW Financial

Services)、好时公司（Hershey）、汉密尔顿资本管理（Hamilton Capital Management）、温蒂汉堡、美森耐公司（Masonite）和百胜餐饮集团（Yum! Brands）。瓦格纳的初创公司帮助上述这些公司将外部因素整合到财务预测模型中，声称将平均减少50%的误差。

瓦格纳提到了一项由毕马威会计师事务所（KPMG）开展的研究，该研究的报告显示，60%的公司在其财务预测模型中没有将影响公司绩效的外部因素包含进来。报告中还提到，美国上市公司进行的季度预测中，预测结果与实际结果之间的误差为13%，这意味着每年损失营业收入近2 000亿美元。瓦格纳坚持认为，这是因为大多数公司只依靠内部绩效数据，忽略影响公司的外部因素。

从亚洲市场的不稳定和汇率的波动，到能源成本、消费者信心以及不断改变的气候环境，各种因素都会使公司难以预测未来的绩效。瓦格纳说："基本上，它们如同在一片漆黑中摸索和猜测。"他接着说："除非主动将外部数据融入它们的预测模型中，否则，它们还会继续在预测上出现偏差。"

瓦格纳并不是唯一一个持这种观点的人。被公认曾参与定义"大数据"这个术语的高德纳公司副总裁、杰出分析师道格·莱尼（Doug Laney）说："我经常向各个组织宣扬这种观点：不能只盯着自己的数据纸上谈兵，而要意识到，一些外部数据可以为它们带来在预测方、规范，甚至是运营方面的益处。"

2015年，莱尼开展了一项研究，查阅了那些以信息为中心接触外部数据的公司的财务指标。这些公司可能设置了首席数据官的岗位，制订了可靠的数据科学计划，或者推行了其他此类措施，认真对待外部信息的搜集、管理、部署和评估，将外部信息作为一项与传统资产负债表上的内部数据同样重要的资产来对待。

莱尼说："每一家公司都在大谈特谈要将信息作为资产，但真正这样做的公司并不是很多。我们着力寻找确实做到了这一点的公司，然后研究它们的财务状况。"这项研究运用了托宾 Q 值（Tobin's Q），这是经济学家詹姆斯·托宾（James Tobin）在 1969 年发明的一个指标，指的是有形资产的市场价值与重置价值的比例。

莱尼发现，制订和没有制订可靠且连续的外部数据策略的公司之间，存在显著差异。和那些在文化与资金上减少对外部数据关注的公司相比，关心外部数据的公司，其市场价值指标高出了 200% ~ 300%。

管理层如何实践外部数据洞察

正如卡特彼勒的案例展示的，外部经济因素对公司未来的绩效有着巨大影响。毕马威会计师事务所的研究显示，大多数公司在预测时并没有关注外部数据，这不免让人吃惊。莱尼的研究还表明，那些欢迎外部数据的公司在评估自身将来的业绩时，比不关注外部数据的公司更加出色。

我的看法是，首先要从董事会层面和高管成员开始欢迎外部洞察。在整个公司中，这个层面作出的决策决定着公司的未来。而作出这些关键决策，最重要的是从宏观层面理解不断改变的竞争格局，同时还必须细致入微地了解会影响未来绩效的外部因素。

在本章中，我将提出一个将外部数据洞察系统地融入董事会和高管级决策过程的简单框架。外部数据洞察尚处于雏形，随着新技术不断发展，董事会和高管成员对它的运用将变得日益复杂。我尝试着构建了一个既有益于当前，从长远来看也可以付诸实践的框架。这个框架包括三个阶段，其复杂性逐步递增；每个阶段伴随着一个简明直接的三步流程。

框架中的 A 阶段集中在理解竞争格局的潮起潮落对你的公司将造成怎样的影响。这个阶段的起点是了解你的公司最容易受哪些外部因素的影响。通过使用外部数据洞察，我们就能对这些外部因素进行实时追踪，建立一个预警系统，以便在机遇和威胁出现时得到警示。

B 阶段将外部数据洞察融入一些基本的流程，比如清楚表达公司战略和构建预测模型，同时将外部数据洞察作为一个测量执行效率的重要反馈环。

C 阶段是完全地采用外部数据洞察的范例。在这个阶段，外部数据洞察的重要性胜过内部财务数据。公司的目标、成就和健康状况，都是通过外部数据洞察的透镜来观察的。在这一阶段，数据科学、博弈论（game theory）和人工智能（artificial intelligence，AI）都将作为核心的管理工具。

第三部分 | 实践外部数据洞察

A 阶段：理解竞争格局

第一个阶段重点在于将外部信息带入董事会会议室。任何一家公司都受外部因素的影响，这个阶段的目的就是让董事会成员和高管理解，哪些外部因素会对未来绩效产生最大影响。通过系统地追踪观察这些领先指标（leading indicator），高管和董事们将更好地指挥他们的企业，也为优秀的决策奠定了更好的基础。

这个流程中的步骤 1（为清楚起见，以下称为步骤 A1。类似情况以此类推。）旨在考虑整个行业中的外部因素，比如宏观经济趋势。这些因素中有的显而易见，比如卡特彼勒案例中的能源成本，但有些更加微妙，比如第 6 章中介绍的美汁源案例中的天气条件，它影响到未来的柑橘供应。

分析广泛、系列的外部因素的影响，似乎是件令人望而生畏的任务。我相信，采用注重实效的方法会大有帮助。大多数情况下，二八定律是适用的，也就是说，20%的因素贡献了80%的价值。对大部分公司而言，只要将外部因素系统地带入决策程序中，就已经是巨大的成功了。因此我建议，先从简单的开始，并且相信直觉。一般而言，公司的高管团队清楚地知道哪些外部因素十分重要，会牢牢盯住。通过分析外部因素对公司过去业绩的影响，应当能够看出哪些因素对公司最为重要，需要及时掌握。

更严谨的方法是运用回归分析（regression analysis）或机器学习。这样可以更容易地发现一些非直观的因果关系和令人吃惊的洞察，不过实施起来工作量大得多，而且需要具备有针对性的专业知识，才能从分析中得出正确的结论。除非公司内部有这种专门人才，否则我还是建议等一等，先把那些明显的外部因素带来的各种好处"收入囊中"再说。

在步骤 A2 中，我们辨别源于紧张竞争关系之中的外部驱动因素。这方面的例子可能是营销支出和客户满意度。在步骤 A2 中选择追踪观察的因素，与步骤 A1 十分相似。出于与步骤 A1 相同的原因，我在这里也赞成运用注重实效的方法。

在步骤 A2 中要考虑的一个新要素是设计合适的测量指标。诸如能源成本之类的经济驱动因素易于追踪观察，因为这个数据可以公开获得。但是，紧张竞争关系中的某些方面却更难量化。以客户满意度为例。应当怎样来定义这个指标？是根据客户反馈、净推荐值（net promoter score）、客户忠诚度来判断，还是根据某个时期内流失的客户数量来判断？对于客户满意度，不存在完美的定义。这里的困难还在于，不论我们选择何种定义，都需要检索同行业其他公司的同类数据。知道我们自己的客户满意度在提升固然是好事，但如果不知道竞争对手的客户满意度在怎样发展，那就无从知晓我们是否在占据更多的市场份额。

我的建议是，首先选择包含你要寻找的指标的在线数据。对于客户满意度这个指标，社交媒体显然是可以考虑的追踪对象。通过对比你的客户与竞争对手的客户在社交媒体上表露出的情绪，便能客观地衡量客户满意度在朝着怎样的方向发展。

在步骤 A3，我们将步骤 A1 和 A2 的结果结合起来，建立一个预警系统。趋势分析的结果应当在线上系统共享，或者作为董事会简报的一部分。重要驱动因素的任何突变，都应当及时通知给高管和董事们。

类似这样的外部数据洞察的持续更新，使人们能够清楚地了解公司财务状况以及其他内部报告与分析结果的来龙去脉。这样一来，高管和董事们可以适当地提前了解重要的市场发展趋势和重大挑战。外部数据洞察还批判性地纠正了孤立偏差。我们在外部数据中发现的情况是否支持内部的表述？管理层是否理解市场的发展方向？现有的策略又是否适用于当前的市场发展趋势？

理解了影响公司的外部因素，还可以创建衡量公司竞争能力的第三方指标：竞争的健康性。例如，某公司品牌是否强大，可以通过它在网络新闻和社交媒体中留下的"足迹"来衡量。衡量了你公司所在行业所有公司的"足迹"，便能衡量每家公司在整个行业的"足迹"中所占的份额。对品牌而言，这通常被称为声音份额。

图 8.2 是一个竞争的健康性矩阵，它展示了公司所处的四种不同局面。该矩阵用来评估一段时间内公司竞争能力的发展情况：例如上个月的情况。矩阵中的 X 轴描述了公司"在线足迹"的变化情况。Y 轴描述了公司声音份额的变化情况。如果两个指标都是积极的，那么，公司便处在"盈利"的象限中。

传统的分析只关注 X 轴的变化。在运用外部数据洞察的方法中，X 轴的变化无足轻重，重要的是 Y 轴的变动。任何与你所在行业其

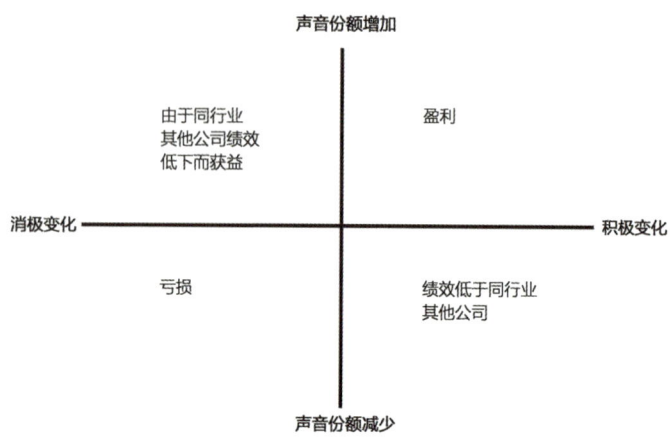

图 8.2 竞争的健康性矩阵

融文集团竞争的健康性矩阵分析了某个特定时间段内的变化情况,以显示公司是在进步还是在退步。

他公司相比而言的积极变化,都是好的;任何消极变化都是挫折。在竞争激烈的动态市场中,进步是一个相对的指标,是通过对照你与竞争对手相比有多大程度的改进来量化的。

只要完成了我们的外部数据洞察框架中的 A 阶段(见表 8.1),便拥有了着眼全行业的观察视角,这种视角是由董事会会议室中讨论的所有第三方数据形成的。我们追踪观察并实时分析外部环境,确保运用前瞻的思维。系统地使用外部数据洞察,为衡量公司竞争的健康性及预警系统提供了实时的分数,这种预警系统使我们更容易发现新的危机及机遇。采用外部数据洞察方法的董事会会议,比不采用这种方法的会议更具前瞻性,也更能作出有见地的决策。

表 8.1　A 阶段：通过外部数据洞察理解竞争格局

步骤	描述	解释
A1	辨别整个行业中影响未来绩效的因素，比如宏观经济趋势	能源成本、消费者信心和原材料成本
A2	辨别来自紧张竞争关系中影响未来绩效的关键外部驱动因素	营销支出、客户满意度和创新管道
A3	创建一个预警系统，当威胁与机会出现时发出警示	对步骤 A1 和 A2 中发现的驱动因素进行实时分析，将分析结果显示在控制面板上——突其来的变化会触发即时的警报。通过实时的竞争对标和运用竞争的健康性矩阵来追踪观察你公司的竞争健康情况

Edgewell 个人护理公司重视外部数据洞察，并懂得追踪观察公司所处竞争格局中的各种变化带来的巨大好处。Edgewell 是一家日用消费品公司，拥有的品牌包括威尔金森剃须刀，夏威夷热带防晒产品，倍儿乐（Playtex）、卡芙芮（Carefree）等女性护理品牌以及护肤品牌 Wet Ones。公司拥有约 6 000 名员工，在全球 50 个国家运营。

Edgewell 所在的行业极具竞争性，公司不得不与比自身大得多的跨国公司竞争，比如拥有更强大资源和更充足营销预算的宝洁（P&G）。Edgewell 将运用信息流作为保持其优势的一种方式。公司商业规划与战略主管保罗·帕西里奥（Paul Pacileo）使用融文集团的软件来制作周报，将可能影响 Edgewell 产品的所有外部数据整合到一起。

帕西里奥每周面临的挑战是从每天产生的洪水般泛滥的行业数据中挑选那些与 Edgewell 公司相关的信息。为做到这点，他为 Edgewell 公司的每条业务线设计了一系列复杂而实时的搜索，每次只要遇到与公司产品相关的外部数据，便可以触发搜索。他着重关注两个方面，一是与产品系列相关的战略信息，如推向市场的新产品、竞争背景下的产品改进与新闻；二是一些战术数据，如哪些产品已进入促销、沃尔玛和塔吉特等主要零售商的发展情况以及打折计划。另外他还关注与竞争对手相关的新闻，比如节约成本的举措、品牌的并购与出售等。

帕西里奥说："我们会研究预测的结果，但不会太过纠结于财务上的分析。理解为什么某一产品的销售会有波动，才是更加重要的事。我们感兴趣的是为什么会发生这种情况，并把结果告知整个组织内所有想知道的人。"

帕西里奥每天获得大约 200 个数据点。他说："我的职责的一部分是负责商业流程，而我们运用的一个关键理念或概念是'单点事实'。我们努力将信息集中起来，以便不管是谁用到这些信息，都能看到同样准确的事情，这样的话，我们便不会各自为政、坐井观天。我们努力注意对流程修订的控制，以防这个人看到的是一个修订了的流程，那个人看到的是另一个修订了的流程，然后他们各自去做他们的事情，那样的话，我们的战略就脱节或者失准了。"

第三方资料为帕西里奥提供了支持，确保他提供给企业内部的资讯能让相关人员尽早作出决定，回应需要公司有所反应或需要提供某种形式的反情报（counter-intelligence）的市场变化或新闻消息。"如果我们更好地掌握了竞争对手在做什么，并且能触及它们的'脉搏'，就更能对各种局面作出响应。"帕西里奥说，"我们的策略也会变得更多元，因为如果我们能够根据取得的资源看出趋势的发展方向，就能彻底研究将要承担的风险。我们不想在竞争对手身后亦步亦趋。"他说："我们想知道竞争对手正在做什么，是因为我们想评估它们行动的效果。"

> 如果它们正在做的事情将导致我们丧失市场份额，我们就能更好地确定，我们要努力做些什么来防止失去市场份额。与此同时，如果它们在某个项目上斥以巨资，而消费数据和绩效数据并没有显示出转变的迹象，或者那个项目没有起色，那对我们来说也许是做一些事情的机会……我们 Edgewell 公司没有宝洁那样的强大马力，也没有它们那样的资源，因此必须使用不同的资源。
>
> 其中一项资源是对市场的把握，也就是对世界上正在发生什么有着更完全的认识。增强对我们周边商业世界的感知，增强对我们的零售商是些什么人的感知，并且设法充分利用这些，将其作为建立更强大合作关系的一个优势。

Edgewell 公司致力于掌握外部信息的做法令人钦佩。它们的方法是实用且系统的。它们欢迎外部洞察，对自身所处竞争格局有着深刻认识，并利用这一点来成功地与行业内规模更大、资源更充足的竞争对手展开较量。

B 阶段：将外部数据洞察整合进内部流程

在 B 阶段，我们通过将外部数据洞察整合到核心的内部流程中，使其发挥应有的作用。这个阶段中的三个步骤涉及战略、预测和如何衡量成功与否。

我们在 A 阶段中探讨了源于紧张竞争关系中的外部驱动因素的价值。在 B 阶段（见表 8.2），要对这个概念更进一步深入探讨，原因在于，领先的绩效指标并不是"生而平等"。有的可能有助于创造短期收益，比如临时增加销量，而另一些则对企业的长远成功至关重要。

这正是战略如此重要的原因。"战略"（strategy）一词源于希腊语词汇 stratēgia，是指军事将领的艺术。它指的是为在不确定条件下实现一个或多个目标而制订的高级计划。最佳的战略，就是通过充分利用独特的技能来选择差别化的市场定位。

步骤 B1 包括针对公司在紧张的竞争关系中想要主导的领域阐明战略，以便在长期竞争中胜出。这方面的一个简单例子是："我们将提供全行业最佳的客户支持，成为行业的赢家。"应当通过研究期望客户的偏好并客观地评估公司内部的能力来作出这种选择，以回应客户的需求。

在竞争的大舞台上清晰阐明战略的好处是，这种方法非常适合

表 8.2　B 阶段：将外部数据洞察整合到核心的内部流程中

步骤	描述	解释
B1	清晰阐明公司在紧张的竞争关系中主导的某个或某几个领域的战略	示例："我们将提供全行业最佳的客户支持，成为行业的赢家。"制定总体目标，公司可以用它来作为实时评估战略追求是否成功的尺度
B2	将外部因素整合到财务预测模型中	改进 A 阶段提出的预警系统，以便准确理解每个外部因素对未来绩效有着怎样的贡献，并且相应地衡量其重要性
B3	通过将外部的领先绩效指标进行竞争对标来测量公司的执行效能	创建一系列全新的绩效指标，以补充传统的财务指标

制定总体目标，而对照这个目标，运用客观的外部数据，便可以衡量公司的绩效。使用外部洞察来设计适当的竞争基准，就可以实时地评估和追踪公司的战略追求是否成功。

实时反馈环能够让你了解公司的战略追求到底有多成功，也能让你成功应对许多行业正在感受到的越来越迅速的变化。如果市场风云骤变，就能采用外部数据洞察方法，在不丧失宝贵时间的情况下重新评估和调整战略。

2012 年 9 月，《哈佛商业评论》揭示了一个现象，无论公司所处商业环境的变化速度实际上有多快，接近 90% 的公司高管还是每年制订一份战略规划。同一篇文章概括了波士顿咨询公司（Boston

Consulting Group）对世界各国10个主要行业120家公司开展的调查，结果显示，高管们非常清楚地知道，他们需要将决策过程与竞争环境的特定要求匹配起来。

不过调查同时发现，尽管如此，许多公司在实践中还是更依靠那些更适合可预测的稳定环境的方法，即使大家都知道它们自身所处的环境极不稳定或者可变性很强。《哈佛商业评论》的文章采用了一个恰如其分的标题：《你的战略需要讲究策略》（"Your Strategy Needs a Strategy"）。运用外部数据洞察，能够解决这篇文章指出的重要挑战。

在发挥外部数据洞察的作用时，步骤B2是将重要的外部驱动因素融入预测模型中。这样做的目的是确保预测结果体现了影响企业的外部因素，而不是只依靠内部数据来预测。

做好这件事情，需要复杂的统计数据和尖端的数据科学。有些公司已经在内部发展出了这种专长。没有这种技术的公司，可以求助于外部咨询机构。不管是哪种情况，我的建议是，尽量不让模型太过复杂。决定一家公司未来绩效的因素有很多。在运用数据科学的"魔法"时，模型往往变得复杂和难以理解，最后成了需要专业技术才能解读的"黑匣子"。当这些模型开始出现问题时，往往难以质疑，并且导致巨大的错误。我的建议是尽可能使模型保持简单，而且运用常识来全面地审视它们。

将外部数据洞察整合到公司的预测模型中，将带来更加可靠的预测结果，因为它们不仅限于内部因素。这种更大的精确度，将缓解内部压力，腾出高管的时间与精力，使公司资源配置更高效。

以与Prevedere公司的瓦格纳合作过的另一家公司为例，该公司是一家全球饮料生产商，其产品有过期时间。它们进入中国市场后，开始与区域市场中的分销商合作。很明显，大多数的销售预测是基于直觉的，准确性大约为70%，意味着存在30%的误差，即使在中国的大城市也一样。

在饮料行业，过度库存是一种常见做法，因为各品牌都不想将货架空间拱手让给竞争对手。Prevedere公司搜集了中国政府发布的大量与就业、家庭收入、支出、人口统计学以及区域零售等情况相关的第三方数据。结果发现，过度库存的风险很高。公司在预测准确性上每提高一个百分点，就能进一步在库存中减少存货。通过研究第三方的外部数据，这家饮料生产商将其预测的准确性提升了15%以上，节约了数百万美元。

在步骤B3中，我们将目光转向衡量成功与否，换句话说，检查公司执行策略的有效程度。由于将外部因素整合到了战略制订与预测之中，我们便可以清晰地发现是什么使公司决胜市场，也可以理解外部因素如何转换成未来的财务业绩。这使我们可以创建一系列全新的绩效指标，以追踪观察某家公司怎样成功实现其战略目标。

这一系列全新绩效指标的创建，植根于外部数据洞察的两个重要原则。第一，绩效改善的程度是相对于竞争对手而言的。第二，最宝贵的标准，在本质上是前瞻的，也是未来绩效的领先指标。这种方法与评估公司绩效的传统方法截然不同。任何一家上市公司的财务报告都会很快列举营业收入、利润、现金流和同比增长的数字。然而，透过外部数据洞察来观察公司的状况时，那些信息并不完全。营业收入和利润是一些历史指标，而同比增长，并没有包含公司在上个季度究竟是扩大还是丢失了市场份额的信息。

我说这些，并不是暗示如今没有人关心市场份额或者其他指标。市场显然也对前瞻的信息十分敏感，我也没有说财务指标不重要。我想指出的是外部数据洞察可以怎样用来创建一系列全新的绩效指标。第三方数据组不会等待着季度更新，而是可以实时地透露与行业参与者相比较之下的境况。将财务状况等历史的业绩指标作为关注焦点，可能会使高管们过于专注内部和过于短视。充分利用外部数据洞察的绩效指标，有助于确保将关注焦点放大到更广泛的行业发展，并且由美国邮政管理局提供定位。

完成了外部数据洞察框架中的 B 阶段后，我们便从预警系统转向了全面充分利用外部信息来发现价值。我们可以通过使用描述紧张竞争关系中的战略领域的基准，实时评估公司追求战略目标的情况。这使我们更容易在基本的市场假设出现变化时调整行动路线。在竞争基准方面清楚阐述策略，有助于员工理解他们个人的工作对公司整体的贡献，这会给公司带来另一项优势。将外部因素整合到预测模型中，能够使公司上下深入地理解竞争格局中的任何变化对未来绩效的影响。运用外部数据洞察来衡量公司的执行能力时，也就充分挖掘了外部数据的全部潜能。

简单地讲，任何提高公司重要竞争基准的举措，都能使公司处在更有利的位置，并保证吸引更多投资。任何无助于提高公司重要竞争基准的活动，都应当放弃。这种方法是观察公司绩效的传统方法的补充。它确保了将注意力集中在更广泛的行业发展和公司资源的优化配置上，以追求长远收益。

C 阶段：内部数据不再是核心议题

运用外部数据洞察的第三个和最后一个阶段，意味着为公司引入一种全新方法。财务成果不再是核心议题，而是被视为在与竞争对手对标时历史的既有的结果。

C 阶段（见表 8.3）需要从观念上改变过去死盯内部数据、财务状况和过去事件的做法。年度目标不再只从财务目标上来表述。公司的健康状况不再通过其利润或现金流来评估。

表 8.3　C 阶段：切换到外部数据洞察范例

步骤	描述	解释
C1	表述在领先绩效指标而不是财务目标上的年度目标	我们将努力提高客户满意度，比离我们最近的竞争对手多提高 5%
C2	用公司在重要竞争基准上的排名来评估公司的健康状况，而不是用财务状况来评估	要意识到公司在竞争中的表现对未来创造价值极其重要
C3	运用严谨的人工智能来进行计算机辅助的决策，充分利用复杂的场景分析和博弈论	人工智能可以为人类难以做到的复杂场景分析决策提供帮助

一家完全转换到外部数据洞察范例的公司,将透过从外部数据中发现的领先绩效指标来审视自身。公司成功与否是在一个相对的量表中衡量的,也体现了公司在重要竞争基准方面的表现。

这听起来有些激进,但环顾四周,我们可以发现,这种思考方式已经开始"生根发芽"。比起历史的财务状况,公司的市场价值对管理层的预测更加敏感。当某家上市公司爆出新闻时,即使它竞争对手的基本指标仍然不变,它的股票价格也可能随之上涨或下跌。

硅谷很早就意识到外部前瞻性指标的重要性。你是不是经常听说硅谷的某家初创公司尽管没有任何营业收入却获得了疯狂的估值?这到底是因为硅谷的投资家们不知道他们在做什么,还是因为他们不仅仅通过财务业绩来评估公司的价值?

在第3章我们介绍过,尽管照片墙缺少营业收入,也只有区区13名员工,却在成立一年半之后被脸书以10亿美元的价格收购。同样,2006年,没有任何营业收入的优兔被谷歌以16.5亿美元的价格收购。这两个例子都表明,硅谷已经开始利用领先绩效指标来评估公司的价值。

马克·扎克伯格给照片墙开出10亿美元的估值,是因为它的用户增长的势头强劲,而且在网络照片分享领域中占据领先的市场地位。四年时间过去了,财务分析师们仍说这次并购"无比划算"。同样,瑞士信贷集团(Credit Suisse)分析师史蒂芬·朱(Stephen Ju)估计,2015年优兔的营业收入达60亿美元,占谷歌总收入的8%,成为谷歌增长最快的收入来源之一。如果在营业收入的基础上运用谷歌的市值作为估算的基础，那么，优兔当前的价值大约为500亿美元，可以说是谷歌成立以来最成功的并购之一。

运用外部数据洞察的C阶段并不提倡抛弃利润或现金流等"老式的"财务指标，但要让公司上下都意识到，今天在竞争对标中的排名，对未来的创造价值极其重要。优兔和照片墙的故事证明，这一价值最终将通过产生现金流来体现，并且用营业收入和毛利率来衡量。但是，只有在赢得与竞争对手争夺头把交椅的战斗之后，才能将这些价值收入囊中。

在C阶段引入的最后一个要素是运用先进的仿真软件来辅助战略决策。这种软件在外部与内部信息基础之上进行场景分析（scenario analysis）。通过应用机器学习和博弈论，它会模拟出不同战略产生的结果。有的公司已经开始在最终决策中赋予智能软件投票权。日本风险资本公司深层知识（Deep Knowledge）因在董事会中给人工智能留出一个席位，使人工智能与其他董事会成员拥有同等的权利而远近闻名。

出于同样的目的，IBM正在研发一款叫沃森（Watson，是IBM的认知计算机，因在美国著名智力问答竞赛节目《危险边缘》中击败人类选手而闻名）的人工智能。在尖端人工智能的辅助下，董事会可以更好地理解他们手头上拥有的关于市场、客户和竞争对手的信息。人工智能软件能够进行人类难以做到的复杂场景分析，使人们可以将更多精力投在他们最擅长的事情上，例如提出合适的问题、运用自身的判断和鼓舞其他人等。

我相信，人工智能将会证明它在公司决策中极其宝贵，并帮助董事会了解这个复杂的、以更快速度不断变化的世界，同时有利于董事会作出明智而可靠的、数据驱动的决策，给股东、员工、客户和其他利益相关者带来好处。

外部数据洞察的范例将改变董事会经营与管理公司的方式。本章介绍的这个框架，为那些希望在决策、目标设定、预测、衡量执行效果过程中充分利用外部数据与外部数据洞察的高管和董事会成员们描述了一种逐步推进的方法。完全切换到外部数据洞察范例，意味着要彻底改变过去那种聚焦于财务业绩和运营效率的方法，转而优先考虑如何理解竞争格局和领先绩效指标。

在接下来的几章中，我们将更加详细地观察各公司可以怎样在实践中运用外部数据洞察，以支持其他部门，如市场营销、产品研究、风险评估以及投资等。这几章内容并不基于框架，而是着眼于创新型公司如何使用外部信息与外部数据洞察来做它们擅长做的事情。我们的希望是，这些例子将鼓舞读者采用新的、创新的方式，将外部数据洞察很好地应用到他们的日常例行程序中去。

第三部分 | 实践外部数据洞察

第 9 章　如何用外部数据洞察进行营销？

维基百科指出，《吉尼斯世界纪录大全》(*Guinness Book of World Records*)是有史以来最畅销的版权图书。这本书的问世，源于休·比弗爵士（Sir Hugh Beaver）和别人的一次争论。休·比弗爵士是吉尼斯啤酒厂的总经理，有一次，他参加了一场狩猎聚会，在打猎时没能打中一只金斑鸻。打完猎后，他和同伴围绕"欧洲最快的野禽到底是金斑鸻还是红松鸡"展开了激烈争论。

比弗意识到，没有哪本书上描述过这些信息，而在世界各地的小酒馆中，每天必定会出现无数场类似的争辩，人们却无法从任何一本书中找到正确答案。因此，他开始每年推出《吉尼斯世界纪录大全》。到 2017 年，《吉尼斯世界纪录大全》已连续出版 63 年。

在这 63 年里，世界发生了翻天覆地的变化，今天，我们只需动一动手指，便可以访问被人们整理过的知识。我自己也常在谷歌上搜索一些琐碎而详细的知识。比如，埃塞俄比亚有多少人口？（答案是 9 410 万人；2000 年时，这个国家的人口数量超过了埃及。）挪威海岸线有多长？（答案是 25 148 千米，包括 2 650 千米的大陆和长峡湾的海岸线，还有 22 498 千米是无数个小岛和小缺口的海岸线。）

我在搜索"欧洲最快的野禽"时了解到，正确答案是金斑鸻。在搜索"世界上最快的野禽"时发现，小野鸭飞行的速度最快（时速达 88 英里，约合 141 千米）。不过，鹬鸟更难从靶场射击，而小野鸭却更容易被猎杀，因为它加速慢一些。

网络将全世界的各种知识整合起来，不仅改变了我们了解诸如猎鸟飞行速度之类详细而具体的知识的方式，还为我们提供了前所未有的机会来研究打算购买产品的利与弊。我们在网上研究，并根据研究结果作出购买决定。这种趋势在过去十多年里对市场营销的影响，比以往任何时候都大。

过去，消费者的购买决定很容易受到营销的影响。今天，传统市场营销方法的效率大为降低，因为消费者在下定决心购买之前，往往会先进行网络研究。他们不相信营销员。他们想找一找别人对你、对你的公司以及对你的产品说了什么，也就是说，他们在寻求社会认同。

大数据时代的营销策略

由于我们走进了新的数字时代，过去 20 年，营销经历了急剧的变革。许多作者围绕市场营销怎样改变而著书撰文。我们并不缺少关于这个主题的专家、书籍和博客。简单地讲，我认为，所有这些文献描述了三种已经发生的根本变革的结果，它们中的每一种，本身就是革命性的。

第一个大变革是，在新的数字时代，任何事情都变得可以测量。

我们每一次广告活动或者用户的参与热情，都可以进行严谨的分析。在此过程中，市场营销从原来一种创造性的科学，转变为一项计算数字的练习，可以通过实时分析页面印象（page impression）、点击率和用户参与度（user engagement）来优化投资回报（return on investment，ROI）。

第二个变革是社交媒体的引入。社交媒体的问世意味着市场研究进入了全新的时代，为我们了解目标客户的需求与偏好提供了前所未有的机会。各公司有史以来第一次能够直接了解人们内心的想法。而且，无须向客户请求，就能实时倾听客户们围绕公司产品而展开的讨论，也能实时掌握他们怎样将公司的产品与竞争对手的产品进行对比。

第三个变革是人们作出购买决定的流程发生了翻天覆地的变化。公司依靠市场营销活动向目标客户推销的时代已经一去不复返了。今天的信息流已经从"推"转向"拉"。人们在作出关于你公司的所有决策之前，会先在网上研究你公司的声誉。他们在寻找可以信任你和你的品牌的证据。

这三种革命性的变革是制定成功营销策略的核心。营销人员应当构建一个专业的企业组织，以分析和优化他们开展的广告活动。他们需要为挖掘社交媒体中的信息设计一个强大的程序，以随时掌握目标客户的变化。他们在实际工作中付出的努力应当侧重于社会认同，而在他们搜索目标客户的过程中，还可以找到其他有利的数字面包屑。

当营销成为数据测算：奥巴马的竞选活动

费城著名的商人、市场营销先驱约翰·沃纳梅克（John Wanamaker）被认为是"价格标签"（过去，即使是在百货商场中，价格往往也不是固定的，可以讨价还价）和"退款保证"的发明者。不过，他被人们引用得最多的一句名言是："我花在广告上的钱有一半都浪费掉了，但麻烦的是，我不知道到底浪费了哪一半。"

这一直是营销的麻烦所在。衡量营销活动特定影响的反馈环一直没有建立起来。不过，随着互联网的诞生，一切都变了。在互联网上，人们可以追踪和测量任何事情，例如某条广告显示了多少次以及被网民点击了多少次。我们可以追踪点击流（click stream），直到发现用户在什么时候作出决定或者在什么时候拒绝广告。

在此过程中，市场营销已从一个有创造力的行业转变成了一个需要数据运算的行业。一个绝佳的例子是美国前总统巴拉克·奥巴马（Barack Obama）2012年竞选连任总统。2008年的总统选举，奥巴马首次成功运用社交媒体开展政治竞选并最终获胜。在竞选连任总统时，他在2008年的基础上再次成功运用社交媒体，打造了一场数据驱动的选战，这在未来数年里都被市场营销人员大加赞赏。

奥巴马连任竞选的核心人物是丹·瓦格纳（Dan Wagner）。他早在2009年1月就被任命为民主党全国委员会（Democratic National Committee，DNC）全国目标主任（National Targeting Director），负责管理美国的民主党。用外行的话来讲，他的职责是辨别哪些人可能把票投给巴拉克·奥巴马,并说服这些人在选举当天外出投票。

一般来讲,选民研究是这样进行的:选取一些小规模的选民数据样本,然后用这个样本来代表更多选民的情绪。但瓦格纳采用的方法全然不同,他采用了一种迎合了新数字时代的方法。瓦格纳是最早大规模运用外部数据洞察的人之一,他的方法充分展示了外部数据洞察在得到正确运用时能够变得多么强大。根据《麻省理工科技评论》(MIT Technology Review):

> 他的方法标志着一种新的思维方式的实现,这种新的思维方式用了十年才形成。采用这种方式来思考,人们不再把选民局限在原来的政治地理区域之中,也不再把选民拴在传统的人口统计学类别之中,比如年龄或性别。人们把选民看成单个市民的集合,可以根据选民自身的情况,对其进行单独的测量与评估。

大规模的数据库得以建立起来,它们可以将来自一线工作者、消费者和民意测验专家的信息融合到一起,再将它们与脸书账号、推特账户和手机号码等更新的信息结合起来。这个系统还使得竞选团队能够举行一些测试,将一条信息的两个版本同时发送给某位选民,看看哪个版本效果更好。竞选团队最终发现,效果更好的信息发挥的效果比效果较差的信息好10倍左右。另外还发现,选民似乎最能接受来自米歇尔·奥巴马(Michelle Obama)的消息。

而来自乔·拜登（Joe Biden，奥巴马任总统期间的副总统，也是他的竞选搭档。——译者注）的信息，效果就不太好了。

瓦格纳的团队了解到，竞选中一半的目标选民的年龄介于18到29岁，通过电话方式完全联系不到。但通过分析社交媒体，团队得到了至关重要且极其有益的洞察。在美国所有的脸书用户中，98%的人有一位好友是奥巴马的追随者。竞选团队意识到，这个世界变化得越来越快了。选民们习惯了使用移动App，这种工具消除了摩擦，使他们的生活更简单。

根据这一点，竞选团队推出了一个App，120万名奥巴马的年轻追随者下载了它。竞选团队运用这个App动员摇摆州（指该州的居民政治立场摇摆不定，难以在民主党和共和党的候选人中作出选择。——译者注）中的奥巴马支持者，让他们鼓励脸书上的好友给奥巴马投票。竞选团队发现，在获得脸书好友鼓励的选民中，大约1/5的人响应了好友的请求，这一举措动员了500万名对奥巴马友好的选民。

为了筹措竞选资金，团队制定了一个名为"快速捐款"的解决方案。这其实是一个软件程序，使人们能通过文字短信、网络或电子邮件的方式捐款，无须重新录入信用卡信息。该软件的构想是成为政治筹款版的亚马逊"一键下单"服务。在软件程序中注册了的选民，捐款金额是其他类型捐款者的4倍左右。另一个战略要素是时机。当竞选运动的营销团队认为潜在捐款人最有可能捐款时，就主动与他们接触。最适合的时机是在资深共和党人举行一场辩论、竞选集会或发表一份声明之后。数据说明了一切,奥巴马在第一次竞选总统期间筹资5亿美元;2012年连任竞选时,他筹集了近7亿美元资金。

奥巴马竞选团队的营销活动是当时所有政治活动中最先进的,如我们已经知道的那样,它改变了政治运动的方式。今天,每一位立志出任公职的政治家都或多或少地从奥巴马那里吸取了竞选经验。2008年和2012年奥巴马竞选团队的在线运动,是具有开创性意义的营销活动,其重要性不再仅限于政治运动。这些运动已经成为世界各地营销人员的案例研究。

通过外部数据洞察,奥巴马充分利用了社交媒体和所有可用的信息,并运用高科技将这些数据点串联起来。他对选民的意图进行实时分析,帮助竞选团队以最理想的方式分配稀缺资源。美国有线电视新闻网(CNN)援引一位高级官员的话说,他们能够"每天晚上模拟6.6万次选举"。通过引入外部数据洞察,奥巴马比其他任何人都更加了解选民们的情绪,并且运用这种洞察两次成功登上美国总统的宝座。

奥巴马在2012年参加总统竞选连任,展示了本章开头探讨的营销方式的三种变革中的两种。它是技术与分析的新作用的有力实证,也证明了社交媒体在深入详尽了解目标受众方面具有多么强大的功能。

社交媒体是公司营销的"主战场"

过去，营销活动要尽可能让人们看到，以便当顾客一想到某种类型的产品时，你的品牌会立马浮现在他们的脑海。舒洁（Kleenex）纸巾就是这样成为人们常用的纸巾，利维斯牌（Levi's）牛仔裤也是这样被很多人穿在身上，胡佛牌（Hoover）真空吸尘器也以这种方式进入了人们的家庭。人们可能会说，"消费者"这个词本身就是这种思维方式的产物。我们是从公司目标的角度来描述大众和潜在客户的，接收了营销信息的人们，将他们自己从潜在客户转变成了产品和服务的消费者。

如今，市场营销部门被迫重新思考这种方法。社交媒体已将消费者转变成主动的研究者，他们对各公司直接促销的任何产品或服务都变得十分怀疑，怀疑推销者的真诚与善意。相反，他们寻求社会认同。别人对这种产品怎么看？别人对这种产品竞争品又怎么看？

旅游顾问网站猫途鹰（TripAdvisor）是社交媒体网站成为网络枢纽的一个例子，在这个网站上，消费者分享他们的经验与评论，帮助其他消费者作出更明智的决定。猫途鹰上的好评可以使企业的营业收入倍增。而一旦出现差评，最坏的后果可能是使企业破产。

我们还在企业对企业电子商务（B2B）中发现了同样的模式。根据埃森哲互动数字营销（Accenture Interactive）所属的Acquity集团于2014年进行的B2B采购状态研究，94%的企业家在作出收购决策之前会先进行某种形式的在线研究。

口碑一直是打造公司品牌的重要方式,自从社交媒体问世后,口碑更是举足轻重。你在网上的声誉变得无比宝贵,每一位新客户作出的购买决定,都参考了过去曾从你公司购买过产品或服务的每一位客户的意见。

今天,你在网上的声誉,绝大部分是在社交媒体上建立。这里是你所有的现有客户、已失去的客户和潜在客户讨论你公司优点与缺点的"主战场"。出于这一原因,我们可以说,社交媒体是当今营销人员最重要的竞技场,也是最艰难的表现舞台。它是一个新的领域,而且正处在持续发展之中。

本章余下的内容将研究三家熟练运用社交媒体的公司情况。这三家公司经营的业务大不相同,但有一个共同之处:理解社会认同的强大力量,并且认为需要动员对它们的产品感到满意的客户,使满意客户为产品鼓与呼。这三家公司中,没有哪家在传统的市场营销上大笔投资,它们选择将自身的资源用于社交媒体,在这个平台上建立起忠诚的客户群体。每个案例的结果,都是产品和服务在网络上广泛传播,品牌受到数百万人的喜爱和信任。在此过程中,它们都打造了非常成功的事业。

丹尼尔·惠灵顿动员意见领袖为其推销

丹尼尔·惠灵顿是一家瑞士腕表公司,和许多钟表公司不同的是,这家公司是从表带起家的。2006 年,菲利普·泰森德(Filip

Tysander)正在澳大利亚进行背包旅行,偶遇了一位迷人的英国绅士,他的手腕上戴着一块劳力士潜航者型腕表,表带是一根已经风化了的黑灰相间的北约军用尼龙表带(NATO strap)。这位英国绅士的名字就是丹尼尔·惠灵顿。受到这位绅士无可挑剔却低调内敛的风格的启发,菲利普决定成立一家公司,提供平价但设计精致的手表和可以更换的五颜六色的尼龙表带。菲利普将公司的名字命名为丹尼尔·惠灵顿。

2011年,丹尼尔·惠灵顿公司成立,并在发展初期采用了非常规的营销策略。公司创始人菲利普·泰森德因拒绝在传统营销方法上投资而闻名(不过,在为写这本书而到网上开展研究时,我发现他也十分擅长重定向的传统营销策略,因为当我从这家网站转到那家网站时,他公司的手表广告都一路"跟随"着我)。他充分利用社交媒体,许多人认为他是照片墙营销的先驱者之一。他将手表免费赠给数千名社交媒体中的名人。这些名人向他们的粉丝介绍这种手表,粉丝会得到个人的折扣。

丹尼尔·惠灵顿公司充分利用新一代社交媒体名人的声誉和名气,以其他手表制造商从未有过的速度打入了手表市场。2014年,丹尼尔·惠灵顿公司卖出了超过100万块手表。而有着一百多年历史的行业巨头劳力士和泰格豪雅,如果每年能卖出100万块手表,都会觉得是大丰收了。丹尼尔·惠灵顿公司理解新一代消费者,也明白社会认同的重要性。它们不是直接向目标受众推销手表,而是动员数千名意见领袖为他们推销。

仔细察看丹尼尔·惠灵顿公司的照片墙账户，便能管中窥豹。2016年2月，该账户的关注者达到200万人，此时距离2015年5月账户关注者人数突破百万大关，仅仅过去了九个月。这绝对是相当惊人的增长。相比之下，可口可乐公司的账户只有120万名关注者。

我在丹尼尔·惠灵顿的照片墙账户上发现的最有趣的事情是，95%的内容都是用户原创的。这与众多其他品牌完全不同。那些品牌仔细构思和制作网站上的内容，以便与品牌故事保持一致。丹尼尔·惠灵顿的账户是有组织的，但关注的焦点是分享由粉丝们上传的照片。

为了动员他们的粉丝，丹尼尔·惠灵顿公司举办了许多场主题标签比赛（见表9.1）。粉丝们只要在自己的照片墙账户上贴出一张他们戴着DW手表的有趣照片或艺术照，便有机会赢得一根额外的表带或者一块新手表。有些获奖者是随机挑选的，另一些则是因为他们提交照片的原创性。

表9.1　DW主题标签竞赛举例："分享你最好的 # DWelfie"

第1步	拍张有趣的自拍照，一定让你戴着的 DW 手表出现在照片中
第2步	将照片上传到照片墙，并用 #DWelfie 来标记
第3步	在你的照片中标记三个朋友，鼓励他们粘贴 #Dwelfie，以提高你获奖的机会（请注意，这并非必须完成的步骤）
第4步	完成

2015年6月，丹尼尔·惠灵顿公司的社交媒体主管克里斯

托弗·洛夫格伦（Christopher Löfgren）在接受卡拉·劳森（Kara Lawson）的采访时解释说："我们最大的目标是营造一种令过去的、当前的和未来的客户都每天兴奋不已的氛围，进一步深化我们的品牌。"他还说："我们的关注者能发出清晰而响亮的声音，他们只要每天发布一张照片，便能帮助我们建设品牌。你可以做的最美妙事情，就是提供发声机会和讨论平台，让真正的顾客和粉丝代表你和你的品牌。"

丹尼尔·惠灵顿公司不采用传统的营销手段，而是在社交媒体和社会认同上加倍投入。事实证明，这是一种成功的策略。2015年，也就是公司成立的第四年，丹尼尔·惠灵顿公司报出了2.07亿美元的营业收入和1亿美元利润。

一加手机是如何挑战iPhone的？

裴宇（Carl Pei）是个低调谦逊的华裔年轻人。从斯德哥尔摩经济学院辍学的他，向来对电子商务充满热情。早在18岁时，他就说服一家中国制造商生产自己设计的品牌化定制MP3播放器。他在互联网上推广和销售这款播放器时的经验，后来帮助他进军智能手机的市场，并与苹果、三星、HTC和黑莓等市场参与者展开竞争。

2012年，裴宇在中国手机制造商魅族的营销部门工作。他对这家公司的发展方向感到失望，认为公司原本可以做得更好。OPPO公司，作为行业中的竞争对手给他留下了深刻的印象，于是，他决定在新浪微博上与OPPO公司高管刘作虎（Pete Lau）接触。裴宇并不指望能够轻易地联系到刘作虎，因为对方是一家拥有数千名员工的大公司的高管。但让裴宇感到意外的是，刘作虎回复了他。

裴宇告诉刘作虎，他想改变世界。他抱怨说，苹果手机的大多数竞争对手都存在臃肿软件（指运行缓慢且毫无必要的软件）、廉价的塑料壳、没有吸引力的设计以及过高的价格等问题。刘作虎鼓励裴宇，让他制订一个计划，来说明可以怎样做得更好。裴宇真的列出了一个计划，两年后，刘作虎携手裴宇创办了名为"一加科技"（OnePlus）的公司。

一加科技总部位于中国深圳，是一家智能手机生产商。公司生产的安卓手机有着精美的设计和优异的技术规格，而且价格极具侵略性。一加科技之所以能把价格压得很低，一部分原因是它们只在网上出售产品，这节约了物流成本；另一部分原因是它们与OPPO的投资人是同一批人，而OPPO是世界上第四大智能手机生产商，因此，一加科技在采购时可以充分利用OPPO的规模经济效益。

2014年，一加科技宣布推出它们的首款产品，名为"一加1"，并且打出了"不将就"的口号，受到热烈好评。这款手机具有业界最优的技术规格，价格约是三星手机的一半、iPhone的1/3。

一加科技刚刚成立时，营销预算非常有限，公司实施了一项有争议的营销策略，以产生最大限度的知名度和需求。首先，一加1手机采用"邀请购机"策略，意味着你只有在获得邀请时才能购买。批评家称这种策略"令人发狂"，并且称其为"你买不到的最好手机"。获得购买资格的方式有两种：一是在线竞赛，二是凭现有一加手机客户的推荐。这种邀请购机的策略引发了热议，其排他特性使得人们遍寻社交网络，就为了找到有一加手机的好友，或者退而求其次，在 eBay 网站上购买二手手机。一些人因自己被排除在购机名单之外而倍感失败和痛苦。

一加科技首次推出的社交媒体营销活动名为"粉碎过去"，赢得了大量关注。它们在优兔网站上发出宣传视频，内容是一台三星手机被放入粉碎机中，并由全新闪亮的一加 1 手机来代替。一加科技鼓励客户拍下将他们将旧手机粉碎的视频，以证明他们值得拥有一台崭新的一加 1 手机。100 名幸运儿将获得奖励，以 1 美元的价格购买一台新的一加 1 手机。在 6 天时间里，14 万人上传了粉碎旧手机的视频。在优兔网站上你可以看到，人们纷纷用大锤、电钻、土豆枪和货运火车来毁坏他们的旧手机。大家都试着展现比其他人更有创意的方法，好让自己能绕开"邀请购机"的限制，在活动中赢得手机。

2014 年春，一加科技继续举办宣传、竞赛和赠送活动，而奖品就是购买手机的资格。作为一家首次推出产品的中国初创公司，一加科技在博得人们的关注方面表现出了不可否认的天赋。在前后 12 天的时间里，它们连续举办了 3 场赠送活动，吸引了超过 100 万名网友登录，赢得了 4 万多名脸书粉丝和推特关注者，产生了逾 40 万次的独立网络访问，并在各种论坛上获得了 3.1 万次评论。一加科技几乎没有营销预算，只靠粉丝来推广其产品。2014 年 12 月，公司成立仅仅一年，一加科技的网站便获得了 2 560 万次的独立访问。

2014 年 11 月 28 日，裴宇和他的团队完美地抓住了时机。在"黑色星期五"和"网购星期一"（大约从 2000 年开始，美国亚马逊、eBay 等电商会在这一天推出大规模促销活动，成为"黑色星期五"的电商版本，就是真正的网购节。——译者注），一加科技临时取消了"邀请购机"的策略，允许人们在网站上轻松购买手机。仅仅在"黑色星期五"这天，一加科技的网站就获得近 250 万次访问，比上个月的日均访问量高出 226%。一加的社交媒体营销活动制造了一种积压多年的需求，裴宇和他的团队只用了一个周末的时间，就凭借一个简单的活动精明地利用了这种需求，收获了大量利润。

后来，一加科技即将推出第二代手机时（"一加 2"，所谓的"旗舰终结者"），客户对这款手机的预期顿时高涨。当公司在网站上推出一个请求获得购机邀请的网页时，短短 72 小时就有 100 多万人注册。这款手机发布之前，在纽约市时代广场上举办了一场限时活动，600 人排着长队，只求一睹这款手机的真容。

裴宇不无骄傲地说："人们在苹果公司门口排队，是为了买苹果手机。但对一加手机来说，人们排队只为了有机会看它一眼。"一加 2 手机于 2015 年 7 月上市，网页上注册的人数随之增长。到 2015 年 10 月，注册人数增长到了 500 万。

智能手机市场是世界上竞争最激烈的市场之一。黑莓、诺基亚、索尼、爱立信和微软都曾投入数十亿美元，试图在这一领域与对手竞争，但都没有成功。一加手机进入智能手机的市场，就好比圣经中的大卫要与巨人歌利亚搏斗。但一加科技和之前失败的手机制造商不一样的是，它们没有与竞争对手面对面竞争，而是将竞争带入它们的主场中。一加科技相当善于运用社交媒体。它们将社会认同的重要性推到了一个新水平，请潜在客户粉碎他们的旧手机。这是初创公司动员自己的粉丝来挑战强大竞争对手的卓越例子。

2016 年，一加科技创业后的第三年，公司推出了一加 3 手机，这也是它们的第三款手机。这款手机一经面市，立即成为销售最快的设备，分析师预计，它将给一加科技带来近 10 亿美元的营业收入。

学会利用社交媒体和品牌倡导者

回到 2007 年的一个星期天，三个 20 来岁的挪威人宿醉醒来后，只想找一件尽可能舒服的衣服来穿，但找来找去，却没有找到一件合适的衣服。他们最终认为，把一件连帽衫与一条运动长裤用一个巨大的拉链连接起来会很舒服。这三个人就是托马斯·亚当斯（Thomas Adams）、亨里克·诺斯图德（Henrik Nostrud）、克努特·格雷斯维格（Knut Gresvig），而他们的这个创意，正是催生连体服公司 OnePiece 的灵感。

这家公司推出的品牌连体服于 2009 年 9 月在挪威首次推出，刚一问世便立刻在全国引起轰动。这种一夜之间的成功，让三位创始人大感震惊，他们当时甚至还没有想出该品牌的标志。

他们成功的关键是，人们把连体服穿出家门，穿到了公众场合。

人们在大街上穿，在超市里穿，有时甚至在俱乐部里穿。这种趋势是由创始人之一托马斯·亚当斯发起的。一天，他决定在公众场合穿一件紫色的连体服，以观察人们的反应。托马斯回忆道："人们很关注我。每个人都在问：'你穿的这是什么衣服？'"他接着说："当人们开始问我在哪买的这件衣服时，我意识到，这就是人们喜欢穿的衣服，他们会穿着它到处转悠。"

我自己第一次在公众场合看到有人穿连体服时，忍不住笑了出来。我想这也许只是那个人在开玩笑。像我这样的人还有很多，人们的反应既有惊奇，也有嘲笑。有人将连体服的连衫裤形容为"天线宝宝"的衣服。根据英国《卫报》记者帕特里克·巴克姆（Patrick Barkham）2010年撰写的一篇文章，《卫报》的助理时尚编辑西蒙·奇尔弗斯（Simon Chilvers）并没有对这种衣服留下深刻印象："乍一看，它就像是连帽衫，但等到你完全看清了全身……这有点像婴儿服。"

公司的共同创始人托马斯·亚当斯说，连体服的品牌及产品受到"慵懒艺术"的启迪，或者像其网站上表述的那样，受到一种"抓住无所事事、无拘无束的星期天的本质，并将其概念化"的思想的启发。OnePiece 对它们的时尚风格相当自豪，它们在品牌宣传中骄傲地声明："我们是懒人，是杰出的、时尚的、不适应生活环境的人。"

连体服可能体现了"懒人"的生活方式，但这家公司绝对不懒。它们在挪威大获成功之后，立即进军全球市场，成为国际的流行趋势。流行音乐天后 Lady Gaga、天才歌手蕾哈娜（Rihanna）、著名男歌手贾斯汀·比伯（Justin Bieber）、卡黛珊姐妹（the Kardashians）、当红青春偶像天团单向乐队（One Direction）以及理查德·布兰森爵士（Sir Richard Branson）等人都本着娱乐目的在公众场合自豪地穿着它们的连体服，并将照片发布在了社交媒体上。

托马斯·亚当斯解释说："我们从来没有向穿我们产品的任何人付过一分钱。我们也没有在传统营销媒介上花太多钱。我们关注的焦点是通过社交媒体以及客户来推广自己。如果我们可以让客户推广，那会便宜得多，也可信得多。"

OnePiece 公司总是社交媒体的创新者。它们的战略核心是将它们的品牌倡导者（Piecekeeper）动员起来。在公司发展早期，它们想出一种办法，在公司网站上生成了个性化的产品折扣码。粉丝们通过在社交媒体上分享这些折扣码，可以拿到通过他们好友产生的所有销量的回扣。产生的销量越多，回扣就越多。回扣可以提现，也可以换成公司的商品。

为了使这种营销方式做得像游戏，OnePiece 推出了排行榜和任务。你只要完成了任务，便可以挣到积分，帮助你提升排名。任务设计成一些简单的低门槛的行动，比如在脸书上"点赞"OnePiece 公司、分享推文、在照片墙上贴出穿着连体服的照片，或者在《每日邮报》（Daily Mail）上的文章的底部发表评论。到 2014 年底，通过"品牌倡导者计划"，OnePiece 公司已经将社交媒体上的关注者增加到了 1 250 万人。

2014 年 11 月，连体服公司推出了一项名为"#SocialCurrency"（社交货币）的创新社交媒体营销活动，引起了全球的关注。公司在纽约开了一家快闪店（pop-up store），每一位进入快闪店的顾客，只要在社交媒体上有 500 位关注者，便可以获得 1 美元的折扣。在店内分享添加了标签的照片的顾客，还可额外获得 20 美元奖励（见表 9.2）。

表 9.2　OnePiece 公司的"#Social Currency"活动

描述	在连体服公司位于纽约市的快闪店内将顾客在社交媒体上的关注人数转换成可兑现的社会货币
第 1 步	进入 OnePiece 公司在纽约市新开张的快闪店
第 2 步	将你的社交媒体账户与所谓"Piecekeeper"的在线大使计划相连
第 3 步	Piecekeeper 计划根据你在脸书、推特、照片墙、领英、汤博乐、优兔 和 Vine 等社交媒体网站上的关注者来计算你的折扣。每达到 500 名关注者，你就将获得 1 美元的折扣
第 4 步	在快闪店中分享社交媒体上带有"#SociaCurrency"标签的照片，将获得额外 20 美元的折扣
第 5 步	完成

这场营销活动在网上迅速传播，一星期内就吸引了 2 100 万人参与。贾斯汀·比伯在推特上转发了托马斯·亚当斯的话："很高兴，我们的'#SocialCurrency'活动打折封顶是 500 美元，不然 @JustinBieber 就要获得 312 927 美元的代金券了。"在"#SocialCurrency"打折活动开始的第一周内，总计打折让利 1.2 万美元。这对于一项不可思议的成功的营销活动来说，实在是微不足道的代价。活动使 OnePiece 公司的新商店在地图上有了标识，产

生了大量的销量，并且被国际新闻媒体广泛报道，称这是一种社交媒体创新。最为重要的是，这项活动充分调动了顾客，并强化了顾客的忠诚度。

OnePiece 公司在 2015 年推出了另一项为期 10 天的所谓"#HackThePrice"（砍价）活动。只要网友每次在脸书、推特或照片墙上分享这个标签，衣服的价格便下降 1 美分，每位参与者最多分享 3 次。在活动结束时，每位参与者将收到一封电子邮件，邮件中包含一个链接，点击该链接，便能以降价后的价格购买衣服。在 OnePiece 的网站上，人人都可以追踪分享的数目和最新的价格等实时概况。此外，页面上还设有一个时钟，对活动结束的时间进行倒计时（见表 9.3）。

表 9.3　OnePiece 公司的"#HackThePrice"活动

描述	分享"#HackThePrice"，以降低 OnePiece 公司一件 lusekofte 连衫裤的价格。每分享一次，将砍掉 0.01 美元的价格，直至价格降至 57 美元或者截止时间已到。让我们开始吧
第 1 步	使用脸书、照片墙或推特分享"#HackThePrice"。在每个社交网络上可以分享一次
第 2 步	分享的人越多，价格砍得越多。到 6 月 2 日时，不论连体服的价格怎样，你都能以这个价格买下
第 3 步	完成

"#HackThePrice"活动第一轮就吸引了 1.1 万人参与分享该

标签，并成功销售了7 000件连体服。我问托马斯怎么解释这一不同寻常的转换率。他说："参加这项活动的人往往都有兴趣买这种衣服。"他接着说："这种活动还产生了既得利益的心态。如果你为砍价作出了贡献，就也会想要收获砍价活动带来的回报。"

OnePiece公司的独特专长是将社交媒体上的交流转变成营业收入。通过创新的营销活动，它们将社交媒体上的关注者召集起来，推动"懒人服装"的营收增长，多年来累计超过1亿美元。

为了帮助其他品牌更好地发动其拥护者，OnePiece公司通过它们的PieceKeeper计划，在一家名叫BrandBassador的新成立股份公司中为其他品牌提供技术解决方案。托马斯相信，连体服品牌在社会化电子商务方面取得的成功，对许多品牌来说都是值得借鉴的经验，他也渴望分享在此过程中学到的东西。他说："每一个品牌都有数千名粉丝。当他们是你公司自身的客户时，如果还要花大把时间向他们推销，未免太疯狂了。你知道他们是什么人，因此不必支付大笔广告费用，而可以直接在网上跟他们交谈。"

连体服公司充分理解利用社交媒体建设品牌以及社会认同在电子商务中的重要性，并根据这种理解打造了一个不太现实的时尚发源地。几个挪威的年轻人精心制定了进入市场的策略，完全依靠粉丝开展市场营销并产生销量。他们将社交媒体变成了金子，并被视为社会化电子商务领域的创新家。

从最初的连体服发展到今天，OnePiece这个品牌已经推出了完整系列的"懒人服装"，包括内衣、裤子、夹克、靴子、帽子和其他饰物。它们在世界各地开设了 100 家概念店，并为超过 1000 家零售商供货，每个月要给超过 100 个国家的零售商发货。它们的目的是以它们独创的连体服引起的全球流行趋势为基础，为自己在全球总额达万亿美元的服装市场中寻求利基。OnePiece 公司完全是白手起家的，或者正如它们自己说的那样："睡衣派对还没有开始呢。"

丹尼尔·惠灵顿、一加科技和 OnePiece 是新一代消费者品牌的三个范例。这三家公司将营销战场着重放在互联网上，本能地将大部分注意力集中在外部数据洞察的各种指标上。它们最重要的指标都与社交媒体参与度相关，因为它们的业务量随着客户群体的规模和活跃程度的变化而改变。这几家公司没有在传统营销渠道上花太多钱，因为它们依靠客户口口相传。满意的客户会创造社会认同，说服其好友和他一起赶时髦。这正是外部数据洞察营销活动赖以成立的基本原则，也是这三家公司的创始人得以成功创建新一代公司的基本原则。

第 10 章　让客户为你研发产品

1995 年 7 月 14 日，著名的美国籍密码学活动家哈尔·芬尼（Hal Finney）在线发布了一个加密挑战，后来被称为 SSL 挑战。SSL 正是安全套接层协议（secure sockets layer）的首字母缩写。这项技术是网景公司 Netscape）为给传输到开放的互联网的数据进行加密而发明的。美国禁止任何带有超过 40 字节加密密钥的加密技术流向国外，哈尔想要证明，这个强度的密钥有多么容易被打破。8 月 15 日，一位名叫达米安·多利格兹（Damien Doligez）的法国籍博士生采用强力攻击的方法破解了密码，他随机猜测密钥超过 5 000 亿次，最后无意中发现了正确的密钥。这前后花了 8 天时间。

达米安成功的故事迅速在互联网上流传开来，一些主要通讯社纷纷报道。随之而来的媒体骚动迫使网景公司于 8 月 17 日出面声明，被破解的只是一条信息，不是根本的密码算法，从运用的计算能力来估算成本的话，估计为 1 万美元。网景公司认为，考虑到破解信息需要的成本与时间，它们的技术"足够强大，可以保护消费者级的业务"，但公司也鼓励人们帮助游说美国政府提高 40 字节的密钥输出限制。

两个多月后，即 1995 年 10 月 10 日，网景公司发起了一个"漏洞奖励"(Bug Bounty)的计划。也许受到了哈尔 SSL 挑战的启发，网景公司为所有在其产品中找到漏洞的人提供奖励。这是一种将暴露的弱点转化为机遇的创新方式。网景公司的市场营销副总裁马特·麦特霍纳（Matt Horner）当时解释说："通过奖励那些迅速发现并向我们报告漏洞的用户，鼓励人们对网景导航者 2.0 进行广泛而公开的评审，并帮助我们继续打造最高质量的产品。"

网景公司不是只依靠自己的员工，而是寻求全世界的专家与粉丝的帮助，以优化它们的产品。漏洞奖励的金额并不大，但它代表的是对人们贡献的肯定，也受到了专家与粉丝的热烈欢迎。网景公司的创新计划随后被许多公司复制，包括谷歌、微软和脸书等。该计划基于这样一条真理，即任何一家公司，哪怕集中了所有内部员工的才智，也不可能比得上世界上其他国家人民的集体智慧。网景公司的漏洞奖励计划激发出了产品开发过程中的新产物，人们通常称之为"众包"。

自从网景公司宣布漏洞奖励计划以来，互联网快速发展，世界各地的人们沟通、合作和分享信息越来越方便，这使产品研发经历了急剧变革。

在网景公司的漏洞奖励计划出台之前，产品研发部门的职责非常明确，就是维护现有产品并设计研究新的产品。漏洞奖励计划使产品研发的工作不再局限于产品研发部门，而是调动了全世界的客户、专家、爱好者以及其他任何人的积极性，使大家通力合作，共同解决问题。

产品研发的形态与形式多种多样。在本章中，我们将讨论受到漏洞奖励计划启迪的方法。这种方法能够发动大众，从而激发产品创新。这种类型的产品研发主要有两种形式：要么是众包的，所有参与者共同协作，努力让解决方案变得更完善；要么是有组织的竞赛，其中，提出最佳的解决方案的参加者会赢得组织者的奖励。

这种类型的产品研发并不是新鲜事，在一个超级互联的世界中，敲击几下键盘就和能够其他人建立联系。我们有理由相信，这种产品研发将日益成为主流。这也和外部数据洞察相关联，因为它是公开的、在线的、由来自全球社区的参与者注入动力。

在深入观察这种趋势之前，我们先回到过去，从历史的角度来看待这个问题。我们还会单独地探讨开源运动（open source movement），这是一种以志愿者为基础开展的运动，人们不计报酬作贡献，并将众包的概念运用其中。

历史上靠发动大众解决的技术难题

运用公众的专长来解决某个棘手的问题的方法，在很久以前就已被人们采用。1714年，英国政府设立了著名的"经度奖"，奖励2万英镑征求计算船只在海上的经度的可靠方法。为了绘制可靠的地图，也为了对世界进行海上探险，计算船只的经度是必须的。这也许是18世纪最棘手的问题。伽利略和艾萨克·牛顿爵士（Sir

Isaac Newton）等伟大科学家都曾做过尝试，但都失败了。

赢得这笔赏金的人名叫约翰·哈里森（John Harrison）。他潜心钻研40年后，终于在1764年解决了这个问题。在长达40年时间里，他研究了3个不同版本的大型海上时钟，最后终于意识到，最佳解决方案是体积较小却更加实用的航海钟，如今被称为H4航海钟。

不过多年来，人们将约翰·哈里森的发明贬低为侥幸的发现。直到1772年，也就是在他发明这种航海钟8年之后，在乔治三世国王出面干预下，已经79岁高龄的哈里森才收到他应得的奖励。在这期间，他的发明帮助库克船长（Captain Cook）发现了澳大利亚。库克表扬哈里森的发明是"带领我们穿越所有多变气候的忠实向导"。

自"经度奖"后，为了激励创新，另一些竞赛和奖励纷纷推出。最著名的是奥特格奖（Orteig Prize）和安萨里X大奖（Ansari X Prize），前者被首次实现从纽约到巴黎的不间断单人飞行的查尔斯·林德伯格（Charles Lindbergh）夺得，后者被授予首次获得成功的民间太空旅行者。

软件行业这个领域逐渐形成了一种发动大众提出创新方法的倾向。过去，这个行业的传统是谁能先解决问题，谁就能赢得奖励。网景公司的漏洞奖励计划为新的奖励设置办法铺平了道路。在这个计划中，人人都致力于寻找同一个解决方案，并且共同来优化它。这种方法如今被称为"众包"。

"众包"这个术语由《连线》（Wired）杂志编辑杰夫·豪（Jeff Howe）和马克·罗宾逊（Mark Robinson）于2006年发明，用来描述一种新趋势：各公司向开放社区寻求贡献，希望有人能提出产品优化建议、创意、服务或数据，而不是只依靠它们的内部员工和供应商。豪和罗宾逊将他们的灵感归功于詹姆斯·索罗维基（James Surowiecki）于 2004 年出版的畅销书《群体的智慧》（*The Wisdom of Crowds*），而索罗维基则又感谢查尔斯·麦基（Charles Mackay）于 1841 年撰写的《非同寻常的公共幻想与人民性癫狂》（*Extraordinary Popular Delusions and the Madness of Crowds*）一书给自己带来的启发。

"众包"这个理念首次改变技术领域后，继续发展成一个令人难以置信的强大理念，后来对各行各业的创新、解决问题和产品研发产生了巨大影响。我在写这本书之前开展了一些研究，经常查阅吉米·威尔斯（Jimmy Wales）和拉里·桑格（Larry Sanger）于 2001 年推出的维基百科。它是世界上最大的百科全书。维基百科迅速发展成数百万知识爱好者参与的全球化运动，成为全世界知识的中央存储库。表 10.1 列举了历史上举办过的一些重要奖励或众包活动。本章中将对其中一些活动进行更详尽的探讨。

开源软件让公司受益无穷

1991 年，著名的芬兰籍计算机科学家林纳斯·本纳第克特·托瓦兹（Linus Benedict Torvalds），在世界各地 1 万余名计算机科学家不计报酬的帮助下，创造了一种任何人都可以使用和更改的免费

表 10.1　历史上的众包活动

年份	活动内容
1714	英国政府推出"经度奖"，悬赏 2 万英镑征求一种计算航行船只经度的可靠方法。自学成才的钟表匠约翰·哈里森夺得该奖
1884	牛津英语词典（*Oxford English Dictionary*, OED）的"A"分册首次出版，动员了 800 名读者来归类词汇
1916	Planter Peanuts 公司举办了一场比赛来研发公司标志。一个 14 岁男孩提交的 Mr. Peanut（花生先生）标志赢得比赛，由此产生了一个时至今日依然一眼就可辨别的标志性的标志
1919	1919 年，法国酒店老板雷蒙德·奥特格（Raymond Orteig）设立 2.5 万美元的奥特格奖，授予第一位从纽约到巴黎不间断飞行的人（1927 年，这个奖被查尔斯·林登伯格夺得）
1981	"孤独星球"旅行指南的第三版引领人们进入一个新时代：从独立的旅行者那里获得用户原创更新、秘诀与修正的时代
1983	理查德·马修·斯托曼（通常称为 RMS）启动了 GNU 计划，发起了免费和开源软件运动
1991	芬兰籍软件工程师林纳斯·托瓦兹研发了 Linux 操作系统
1995	网景公司推出世界上首个漏洞奖励计划
1996	奈飞公司（Netflix）设立百万美元的"奈飞奖"，颁给能优化公司影片推荐算法的人
1996	XPRIZE 基金会提供 1 000 万美元的安萨里 X 大奖，授予首次成功的私人资助的太空旅行者
1999	Apache 软件基金会成立
2000	克雷数学研究所（Clay Mathematics Institute）宣布了"千年悬赏数学问题"（The Millennium Prize Problem），提供 100 万美元奖金，奖励那些能够解决我们这个时代七大最难数学题的人

续表

年份	活动内容
2001	吉米·威尔斯和拉里·桑格创办了在线百科全书：维基百科
2005	亚马逊推出微任务平台"土耳其机器人"（Mechanical Turk）
2009	众包网站 Kickstarter 推出

操作系统 Linux。今天，Linux 已成为世界上最成功的操作系统。它在全世界 1/3 的 web 服务器上运行，而基于 Linux 内核的安卓系统，则占据了全球过半数的移动设备。

Linux 是免费软件和开源运动的一部分，这一运动是从理查德·马修·斯托曼（Richard Matthew Stallman）的研究成果以及他在 1983 年发起的 GNU 计划发展而来的。尽管斯托曼在技术领域之外不太为人熟知，但他可以说是现代软件开发领域最有影响力的人物。在斯托曼的启发下，数千种免费和开源的软件程序纷纷问世。他心怀"用公开软件使全社会受益"的理想，不仅研发了诸如 Linux 之类的操作系统，还研发了 web 服务器、数据库、搜索引擎、程序语言以及无数的框架。

迄今为止，由于他的重要贡献，世界各国的大学授予他 15 个荣誉博士学位。数百万名企业家、科学家和计算机爱好者都从斯托曼的研究成果中受益。谷歌、雅虎（Yahoo！）、亚马逊、脸书、推特以及无数其他软件公司，在成立之初都采用了受到斯托曼启发的软件，并在此基础上逐步发展。

世界各地的研究团队能够专注于他们的研究而不受其他外来因素干扰，也要归功于在斯托曼精神鼓舞下创建的数学计算和数据可视化的开源框架。

我也要感谢斯托曼和开源社区。2001年，我们刚刚创办融文集团时，只有1.5万美元资金。我们将公司建立在著名的LAMP堆栈（LAMP stack）基础之上，其中的L代表Linux操作系统，A代表免费的Apache web服务器，M是指免费的MySQL数据库，P是指实际抽取与汇报语言（practical extraction and reporting language，PERL），即一种免费的开源程序语言。如果没有开源软件，或者说没有购买所有必需基础软件的庞大资金，那么，像融文集团这样的小型初创公司，不可能成立并发展。

今天，开源软件比商业软件更受人依赖，尽管它是由自发组织的志愿者不计报酬研发出来的。这场运动的目的在于保护人们使用、研究、分发和修改软件的自由。这与推动专利、版权和知识产权等其他限制的商业力量相悖而行。

如今的开源运动创建并支持着世界上某些最关键和最广泛使用的软件。尽管开源运动的初级阶段并不起眼，但现在它已经比起初所反对的所有软件巨头都更为强势。而且它还在吸引全世界最聪明的人才，这些人希望用自己的聪明才智造福世界。只要这种势头持续下去，开源运动将继续生产出令我们大家受益无穷的软件。

星巴克、乐购、IBM用众包促进产品研发

当代越来越多的公司开始在产品研发过程中运用众包理念。星巴克由于组织了"我的星巴克点子"的活动而获得众多好评，它们在网站上请粉丝们提出使星巴克做得更好的点子。该网站于2008年创建，这使得星巴克成为最早采用社交媒体的公司之一。在这项活动推行后的五年内，星巴克收到了15万条改进产品、店内体验和提高公司社会责任感的建议。有200万名顾客参与了投票，选出最喜欢的点子。

从这项活动中产生的最著名的创新之举，也许就是防溢棒，这也是星巴克在实践中运用的第一个点子。自那以后，数百个点子得以应用，包括新的饮品（脱脂摩卡、椰子摩卡星冰乐、榛子玛琪雅朵和南瓜香料拿铁等）、无糖糖浆、可重复使用的高冷玻璃杯以及免费的无线网络。

2013年，英国连锁食品杂货店乐购（Tesco）推出了一项社交媒体活动，以制造"世界上首款诞生自社交媒体的酒"。乐购从博客写手的推荐和乐购酒类社区中挑选出5种候选的酒，请顾客和互联网选出一款，为它设计酒瓶并命名。乐购在脸书页面上制作了一个App，结果，在3个星期之内便获得了1 668位网民登录。来自白金汉郡的家庭主妇丽贝卡·博阿玛（Rebecca Boamah）提交的名字"恩娜勒妮之梦"（Enaleni's Dream）最终获奖。"恩娜勒妮之梦"不但在品牌建设上大获成功，销量也极为出色。这种新酒在几

个星期内,就售出了超过 8 万瓶。

　　Fiat Mio(意为"我的菲亚特")是世界上第一辆众包的汽车。它在 2010 年 10 月的圣保罗车展(São Paulo Auto Show)上亮相,是一辆未来式概念汽车。Fiat Mio 的制造历时 15 个月,来自 160 个国家的 1.7 万人为之出谋划策。Fiat Mio 起初只是一个小项目,预计只有少数几位汽车发烧友参与,但随着出谋划策的人越来越多,该项目从一个边缘创意摇身变成菲亚特公司高管、设计师与工程师探讨的核心议题。菲亚特的专家与为汽车制造出谋划策的"外行"网民单独探讨过共计 21 个类别的创意。讨论比较热烈的主题包括驾驶室内部空间、燃油效率、降噪和车载生物识别技术。菲亚特的专家通过设计草图、提出工程洞察以及其他形式的支持,将探讨内容归纳成一些在技术上可行且符合实际的提案。

　　不过,菲亚特公司和众包参与者都知道,这种概念汽车不大可能面向大众销售,甚至可能不会商业化。尽管这辆车并没有被生产出来,却创造了大量的价值。概念汽车在很大程度上被认为是描绘消费者愿望的蓝图,能够为菲亚特汽车设计下一代产品提供重要参考。菲亚特公司一位高管说,这种概念汽车的推出,改变了菲亚特每一位员工的工作方式,将整个汽车行业送到了"心理分析师的沙发上"(指接受心理分析师的咨询。——译者注)。

　　在第 9 章,我们讲述了一加科技的故事,这家中国的初创公司于 2015 年进入全球智能手机市场,通过"邀请购机"的策略而声名鹊起,像苹果那样引发了一轮热潮,并且像病毒那样迅速广泛传播。一加科技还是充分利用用户群体来引导产品创新的范例。在第一代手机获得用户好评后，一加科技在推出一加 2 手机时，收集了用户的各种反馈。

公司共同创始人裴宇为一加 3 手机推出了一项叫作"你的理想智能手机"的计划，在互联网上积极动员一加手机的粉丝，让他们为公司的产品出谋划策。他的团队每周都通过投票和讨论等方式参与社区交流，以调查手机的某些功能，比如防水性、近场通信（near field communication，NFC）、心率传感器、可扩展存储与外形设计是不是符合用户的期望。用户的提议为一加科技团队的产品决策指引了方向，比如确定手机屏幕的技术规格与尺寸、相机的位置、电池、指纹传感器的位置以及电池充电技术等等。

一加科技共同创始人裴宇说："新的一加 3 手机的规格、设计和特点，是我们一加社区 2 万余人共同献计献策的结果。"他们的方法奏效了，一加 3 手机是公司成立以来销售最快的产品。2016 年 8 月到 9 月期间，因为库存不足，一加手机甚至不得不暂停销售。

B2B 公司也从产品众包研发中获益。2016 年，为了让新的产品创意成型，IBM 推出了一个众包活动，名为"IBM 的即兴创新大讨论"，由 CEO 塞缪尔·帕米萨诺（Sam Palmisano）监管。帕米萨诺想将他在实验室中发现的某些创新成果带到世界人民面前。在他看来，这些创新很难通过传统研发方法进入市场之中。他说："我们开放了我们的实验室，对全世界人民说：'这里有我们的财宝，过来看一看吧。'"帕米萨诺下决心投入 1 亿美元，让这场活动中的最佳创意成型并进入市场。活动在两场持续 72 小时的讨论期间，吸引了来自 104 个国家的 15 万名参与者和 67 家不同的公司。

第一场即兴创新讨论产生了 4.6 万个帖子，最后从中精选出了 31 个产品创意。在第二场讨论中，人们分析了每一个创意在竞争与商业机会等方面的可行性。最终，10 个最有希望的创意进入了 IBM 执行副总裁尼克·多诺弗里奥（Nick Donofrio）资助的加速发展项目。这些创意中最成功的那些（包括为实时分析交通流量而构建一个随需而应的系统、将智能系统融入世界电网、引入智能医疗保健支付系统、成立一个专门提供直接有益于环境的解决方案与服务的业务部门等），已成为 IBM "智慧地球" 计划（Smarter Planet agenda）的一部分，据说为公司产生了数十亿美元的营业收入。

用竞赛带动创新

另一种被证实有用的众包形式，是向解决重要问题的人授予奖金。一直以来，这些奖励在科学与数学领域较为常见，如前面我们提到过的古老的"经度奖"和 2.5 万美元奖金的奥特格奖。奥特格奖于 1919 年由法国酒店老板雷蒙德·奥特格设立，奖励第一位从纽约到巴黎不间断飞行的人。为了赢得这笔奖金，6 人在尝试过程中丧生，另有多人受伤。最后，查尔斯·林登伯格在 1927 年驾驶飞机"圣路易斯的精神"号夺得了这个奖项。奥特格奖为航空航天领域带来了数倍于奖金的投资，同时也为现代商业航空铺平了道路。

最近，金钱奖励还被成功地用来激励人们创新与研发产品。为了追求奖金与名声，人们纷纷参与这样的竞赛。

1996年5月，受到奥特格奖的启发，XPRIZE基金会提供了1 000万美元的安萨里X大奖，授予首个能在两周内将三个人送上太空两次的民间的团队。这个奖项的设立，旨在刺激低成本太空飞行的发展。这起初是希腊裔美国企业家彼得·H.迪曼蒂斯（Peter H. Diamandis）的创意，并被称为"X奖"，但后来为了纪念技术创业家阿诺谢赫·安萨里（Anousheh Ansari）和阿米尔·安萨里（Amir Ansari）数百万美元的捐助，更名为"安萨里X大奖"。为了获得这个奖，各公司和个人在新技术领域的投入总计超过1亿美元。

2004年10月4日，这个大奖最终被航空航天工程师伯特·鲁坦（Burt Rutan）设计、微软联合创始人保罗·艾伦（Paul Allen）投资的"太空船一号"夺得。这一奖项启发了很多企业家，包括特斯拉创始人埃隆·马斯克（Elon Musk）、亚马逊创始人杰夫·贝佐斯（Jeff Bezos）以及维珍公司（Virgin）创始人理查德·布兰森爵士。他们各自建立了公司，探索让太空旅行更有利润也更普及的方法。

2006年10月2日，还在以邮购方式为客户提供影片订阅服务的奈飞公司宣布推出一项受到了"安萨里X大奖"启发的竞赛，引起了广泛关注，标志着科学奖项进入了商业产品研发的领域。奈飞公司向能够提出更优秀的影片推荐算法的人提供100万美元的奖金，条件是算法的效果要胜过奈飞原有的算法至少10%。这项竞赛原计划持续5年，并且每年推出5万美元的"进步奖"，授予该年度最佳算法的发明者。来自186个国家的数千个团队递交了他们的算法。竞赛举行6天后，也就是10月8日，第一个有资格获奖的团队就出现了。13天后的10月15日，又有两个团队达到了获奖条件。这结果令奈飞公司大为震惊，因为它们的机器学习团队被认为是世界上最优秀的团队。

公司CEO里德·哈斯廷斯（Reed Hastings）说："我们以为我们已经造出了有史以来最好的东西。"不过，来自多伦多大学的计算机科学教授杰弗里·辛顿（Geoffrey Hinton）对此却并不惊讶，他说："实际上，奈飞几乎没有花钱，就吸引了整个机器学习领域的大部分人才。"竞赛推出近3年后的2009年9月21日，由来自美国、奥地利、加拿大和以色列的统计学家、机器学习专家和计算机工程师组成的7人团队获得了100万美元奖金。

2011年9月，一群没有受过医学培训的人为艾滋病治疗作出了重要贡献。一个15年来始终困扰着科学家的艾滋病难题，却在10天内被一群游戏玩家解决。这群玩家玩的是一个被称为Foldit的在线合作游戏。多年来，各国科学家组成的国际研究团队一直在努力确定一种蛋白质切酶的详细分子结构，但始终没有进展。这种蛋白质切酶类似于艾滋病病毒，是科学家在恒河猴身上发现的。

无奈之下，科学家团队将这个问题放进了华盛顿大学推出的Foldit游戏之中，作为最后的尝试。简单地讲，这个游戏使得玩家们能够解决涉及蛋白质分子结构的难题。玩家不需要具备专业知识，只要能提出一种比现有分子结构能量状态更低的分子结构，他的得分便会上涨。

Foldit 游戏的首席设计师与研发者赛斯·库珀（Seth Cooper）解释说："人类具有空间推理能力，但计算机却不太擅长。"让所有人感到疑惑的是，只用了几天时间，一个名为"竞争者"的团队就解决了难题，而团队成员却没有任何的生物化学背景，他们分别来自加拿大、美国、欧洲、新西兰等国家和地区，通过 Foldit 游戏的内置聊天功能进行分工合作。一位用户名叫 Mimi 的团队成员描述了她提出解决方案的过程：

> 我看过各个选项的结构，结果发现，如果将"瓣"靠近蛋白质主干，效果可能会更好，但当我试着采用这一解决方案时，发现它并不管用。不过，当我把同样的方法运用到其他团队成员改进过的解决方案时，就成功了。事实证明，这就是最终的答案。

华盛顿大学游戏科学中心的教授佐然·波波维奇（Zoran Popović）说："Foldit 显示了，游戏可以让一个新手摇身一变，成为能够带来杰出科学发现的领域专家。"

制造行业巨头默克公司（Merck）也采用了竞赛活动，在医学领域实现创新。2012 年 8 月，默克公司推出了"默克分子活性挑战"竞赛，为创造最优算法的团队提供 4 万美元奖金。这种算法要用来预测某个分子成为一种有效药物成分的可能性。默克公司给竞赛参与者提供了与预测对象在生物学上相关联的 15 个数据组,每个数据组包含数千个单个分子的化学结构信息。竞赛只持续了 60 天,却吸引了近 3 000 人参加。最终胜出的团队由多伦多大学计算机科学系博士生乔治·达尔(George Dahl)领衔。达尔的团队不具备这个领域的任何知识,却在短短两个月里研发了一个算法,比之前的行业标准优化了 17%。

达尔的团队应用了最近数据科学领域中一项被称为"神经网络中的深度学习"的创新,取得了突破性的成果。这项创新以前从来没有在药物研究领域运用过。众包将数据科学领域最新的创新成果带到了默克公司的研发部门,并且激起了整个制药行业运用新颖数据科学方法的热情。

为了激发创新和研发新产品而发动大众的力量,是向市场推出新产品的一种创新、高效的方式。这种征求更广泛人群的创意的做法,主要的优势是不管公司规模大小、可供利用的资源多寡,都不会在创新方面落后于人。在本章中,我们已经看到了不同行业中的众包与奖励竞赛怎样激发创新与促进产品研发,比如制造行业巨头默克公司和汽车制造厂菲亚特。

Kickstarter 和其他同类网站的发展壮大,预示着这种趋势还会继续发展。Kickstarter 既是一家公益性公司,也是一个众包平台,声称已筹资近 20 亿美元,以帮助实现创新项目。该公司最著名的项目就是卵石牌智能手表。该项目因在 17 分钟内实现了筹资 50 万美元的目标,并累计筹集了超过 2 000 万美元的资金来生产第一款智能手表而闻名。但是,尽管它一开始就在行业内处于领先地位,最终却在 2016 年 12 月被更大的竞争对手 FitBit 公司收购。

开放合作的软件研发日益普及的另一个迹象是应用程序接口(application programming interface,API)的发展。今天,大多数软件公司都在推出开放的应用程序接口。如果客户需要一种特定的功能,它们完全可以自己来构建这种功能。这是将产品研发"外包"给客户与合作伙伴的一种优雅方式。

苹果在为它们的 iPhone 创建应用商店时也采用了这种策略。在应用商店创建之前,手机制造商通常会在手机上安装它们自己的软件。苹果没有尝试着预测它们用户的所有需要,而是有效地将产品研发的任务外包给用户。这使得用户可以自由地选择手机上的 App,也让 iPhone 难以被替代。应用商店也许是让苹果公司取得高端智能手机市场主导地位的最关键举措之一。其他公司纷纷效仿。赛富时公司强大的 App 生态系统,也是人们选择其作为客户关系管理平台的最有说服力的理由之一。

以众包的形式进行产品研发的势头仍在持续。让客户能够积极参与研发和制造他们想要的产品,众包永远是最有效的方法之一。公司内部的生产部门可能永远无法与之相比。

第 11 章　风险管理：让数据为企业护航

2004 年，菲利帕·达尔布雷（Philippa Darbre）博士发表的一篇文章引发了人们关于对羟基苯甲酸酯类物质（parabens）的广泛担忧。这种人造化学物质作为防腐剂，被使用在化妆品、保湿霜、除臭剂、洗发水以及鞣革材料中。达尔布雷这篇文章题为《人类乳腺肿瘤中对羟基苯甲酸酯类物质的浓度》("Concentrations of Parabens in Human Breast Tumours"），发表在《应用毒理学杂志》（*The Journal of Applied Toxicology*）上。

文章指出，对羟基苯甲酸酯类物质可能致癌。达尔布雷博士的研究遭到了许多大型美容与化妆品公司的质疑，但在 2005 年，欧盟根据消费者安全科学委员会这个独立咨询机构进行的风险评估，禁止生产和使用对羟基苯甲酸酯类物质高于特定浓度标准的产品。

利洁时家化（Reckitt Benckiser）是一家认真对待这个问题的公司。该公司位于英国斯劳市，旗下产品畅销近 200 个国家。公司拥有众多家喻户晓的品牌，包括碧莲（Vanish）、卡尔冈柔软剂（Calgon）、诺洛芬（Nurofen）和亮碟（Finish）。由于其产品成分十分复杂，利洁时家化利用融文集团来监测网络上有关其产品中的化学物质及其可能的对健康的影响的交谈。

利洁时家化决定针对含有防腐剂的64种产品，通过调整配方、使用替代成分或停止生产等方式，响应公众关于对羟基苯甲酸酯类物质的担忧。整个计划于2015年底完成，公司的化学家和微生物学家当时已经找到了可行的替代品。

这绝非易事。利洁时家化建立了网站，在上面列举公司每种产品的成分，并且对社交媒体等外部数据来源进行监测，以预测哪种成分可能成为公众担忧的话题。改变家用清洁产品的成分的整个过程，从研发到供应链再到多个地区的处理厂，其成本十分高昂。因此，利洁时家化在作出这些改变之前，需要好好地评估这种物质对消费者和公司声誉的威胁。

利洁时家化组建了一个由研究与发展专家、客户沟通专家、法务与合规专家、可持续性以及原材料方面的专家等组成的工作小组，通过及时运用外部数据洞察，来预测哪些成分可能成为公众探讨的热门话题，并随后制定相应的举措。利洁时家化"更好的成分"（Better Ingredients）计划基于外部数据洞察，为各种家化产品的成分确立了一个管理模型，使公司能够在行动中更加具有前瞻性。

作为这些应对举措的一部分，公司建立了"限用物质清单"（Restricted Substances List），为配方设计师提供了众多可以混合的替代成分来生产产品，也以此作为公司在市场领域与客户和潜在客户交流的方式。工作小组每个季度开一次会，以研究外部数据来源中呈现的趋势，并提出建议。这个举措部分是未来适用的，部分是对竞争优势的运用。通过掌握网友们围绕原材料成分进行的交谈，公司就能够提前作出行动决策。

对羟基苯甲酸酯类物质的争议只是公众因对产品原料中成分的担忧而爆发的众多问题之一。有的争议不一定由会直接伤害消费者的化学物质引起，也有可能是因为消费者认为它对环境产生了不良影响。例如，有一份索引列出了所有使用了不可持续利用的棕榈油的公司。

棕榈油是一种食用植物油，从非洲的棕榈树的成熟果实中提取。超市中约有一半的包装商品都含有棕榈油。同时，它还是人造奶油、饼干、面包、早餐谷物食品、方便面、洗发水、口红、蜡烛、洗涤剂、巧克力和冰激凌中的常见成分。

今天，85%的棕榈油是印度尼西亚和马来西亚生产并出口到世界各地的。但是，棕榈油的生产是不可持续的，会导致森林砍伐、动物栖息地减少以及社区破坏。许多人相信，棕榈种植园的扩张会导致红毛猩猩数量减少并且威胁到其他濒危物种，如老虎、犀牛、大象等在马来西亚和印度尼西亚本土生存的动物。

世界资源研究所（The World Resources Institute）估计，从2000年到2012年，印度尼西亚总计失去了超过600万英亩的原始森林，约为英格兰面积的一半。出于这一原因，许多公司被迫考虑棕榈油的替代品，或者研究更环境友好的生产棕榈油的方式。2016年4月新闻媒体与社交媒体对棕榈油的报道所产生的文字云，清楚地说明了大众主要关注的话题（见图11.1）。

OUTSIDE
INSIGHT

棕榈油是一种食用植物油,从非洲的棕榈树的成熟果实中提取。它是人造奶油、饼干、面包、早餐谷物食品、方便面、洗发水、口红、蜡烛、洗涤剂、巧克力和冰激凌中的常见成分。

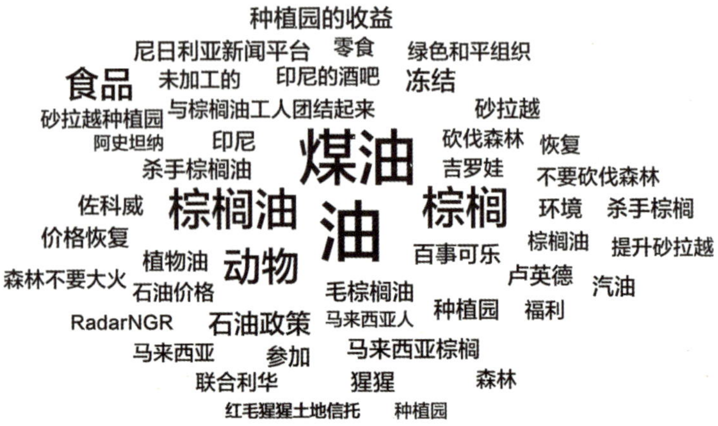

图 11.1 棕榈油相关报道的文字云

用外部数据实时评估风险

黑泽尔伍德街道公司（Hazelwood Street）是融文集团的客户之一，总部位于迈阿密，提供危机管理、预防和响应服务，也提供国家与政治层级的风险管理。该公司运用外部数据洞察对世界各地人质劫持事件的风险进行量化，精确到城市或州，甚至城市中的某个区域，以帮助客户提前和实时地避免麻烦。总经理布鲁斯·卡普兰（Bruce Kaplan）说："在我们行业，以前没有人这样做过。他们只是接手案子，然后立即赶到事发现场。"

领导这个组织的是美国国防部国防情报局前局长帕特·休斯

（General Pat Hughes）。其董事会主席是小克雷森西奥·S.阿科斯（Cresencio S. Arcos Jr），他曾担任过老布什总统的助理国务卿，后来又出任小布什总统的国土安全部助理部长。黑泽尔伍德街道公司与伦敦劳埃德保险公司建立了联合组织，并以此名义响应全球范围内的索取赎金的绑架案、敲诈勒索以及恐怖主义威胁。

卡普兰解释说："通过在情报界的经验，我们知道，人员情报与电子情报是最重要的，因此我们想要以更加实时和可靠的方式来观察数据，并且通过一种专有的算法进行评估，以简化过程。"

卡普兰和他的团队确立了一个量表来表示某个国家的危险程度，量表中的指数从 1 到 5，其中 1 代表极低风险，比如瑞士，5 代表严重风险，比如阿富汗。只要确定了这个分数，黑泽尔伍德街道公司及其客户便可以通过研究最近事件的数据，更加直接地评估和响应风险，同时更好地掌握诸如赎金支付的最低标准等信息，以便开展工作。

"我们相信预防的重要性，这确实是数据能够派上用场的地方，"卡普兰说，"我们可以为客户实时提供事实证据和传闻，以表明某个方面存在的问题。"

黑泽尔伍德街道公司的数据分析师每个小时都会将来自融文集团的数据与自家数据库中的数据整合起来。卡普兰说道："在情报界内部，人们意识到，开源情报在整个信息传递的过程中非常宝贵。"他补充道："将人员情报与信号情报相结合，就会得到一个十分强大的预测工具。"

起初，黑泽尔伍德街道公司的软件预测范围只有15天。后来这个期限延长到30天，如今是180天。数据点包括政治稳定性、合同效力、社会正义、刑事司法体系与腐败，还有低级犯罪。如果得分为5分，就意味着客户应当谨慎行事并且允许黑泽尔伍德街道公司的专业人员一路陪同。

卡普兰指出："绑架确实算一种生意，我们也努力用这种观点来看待它。"为了尽快解决绑架案件，卡普兰的公司在每一个案件中都运用数据。"2015年2月，我们接手一个案子，绑架者将整整一车19名交接班工人绑为人质。"公司介入后，接到绑架者打来的电话，绑架者在电话中表明，他属于某个犯罪集团。黑泽尔伍德街道公司的特工认为这是件好事，因为他们知道那个集团中的成员是一些专业人士，很可能会与黑泽尔伍德街道公司举行谈判。

"我们运用我们的数据源、推特、拦截的消息以及某些新闻报道，并且把所有这些整合到我们的算法之中。"卡普兰说道。

那个集团表示："我们多年前就把这个绑架者除名了，因为他是一个疯子，只是当地的一个恶棍罢了。"掌握了这些信息后，我们立即改变行动方案。我们告诉那位绑架者，如果他想在这种局面下获得些什么，最好不要伤害任何人。于是他立即释放了12名人质。在接下来的3天里，他释放了所有人质。由于掌握了实时的数据，我们能够拯救人们的生命。

密切关注客户的发展状态

风险会以很多种形式出现，但不会总是像人质谈判那样令人紧张到窒息。许多公司的一项重要任务是随时掌握重要客户的情况。如果公司极度依赖少数几位关键客户，这一点尤其重要。

外部数据洞察在追踪客户的健康情况方面十分重要。通过新闻和社交媒体，可以辨别客户的新发展趋势，比如裁员、改变策略以及其他重要事件。分析招聘广告，可以评估你客户投资的步子迈得多快。如果客户突然撤下了招聘广告，那就是一个十分重要的警示信号了。在这种情况下，一种令人担心的可能是你的客户被人起诉了。而这可以通过网络新闻、社交媒体或者直接通过在线的法院文件来了解。

有时候，要警惕的风险具有行业特殊性。上面介绍过的对羟基苯甲酸酯类物质的例子，例证了产品成分带来的风险对客户偏好的影响。如果客户身处金融服务行业，追踪政府颁布的规定可能就很重要了，因为这些方面的改变，可能对它们的竞争态势产生负面影响。电子企业在消费者的反应面前格外脆弱，因此，尽早了解新产品的上市情况，就越可能有效地评估未来的绩效。

运用外部数据洞察，公司可以密切注意关键客户会出现的令人不安的发展。通过倾听外部数据，可以察觉到早期的警示信号，一旦不幸的事情发生，你会有更多的时间来反应。

苹果怎样监测供应链与合作伙伴的风险?

运用外部数据洞察来检测风险的另一个领域是供应链和其他合作关系。同样,如果十分依赖某些特定供应商,那么你的组织就很有可能会受到影响。追踪观察进出口数据之类的第三方数据,可以给你带来巨大的优势,让你确保供应链中没有哪家公司存在可能影响你自身生产的问题。有人估计,苹果在超过 22 个国家中都有供应商,分布于数百个不同的工厂中。

苹果的供应链是一个精密但平衡的生态系统。这个生态系统之中,一旦出现小问题,就有可能危及整个生产流程。所以,为了避免这些代价昂贵的小问题,至关重要的是时刻掌握供应链中重要市场参与者的情况。在信息通过正式渠道像"涓涓细流"那样流到你这里来之前,你就能够通过外部数据洞察提前捕捉到它,这在多数情况下都是极其宝贵的做法。

密切关注合作伙伴的动向也很重要。如今,各公司的劳动条件正在接受利益相关者和立法者越来越严密的审查,尤其是当涉及童工时。我们以苹果为例,2013 年,苹果公布了一份审计报告,报告显示,2006 年到 2013 年,曾有 349 名童工在苹果供应链的工厂中工作。这种公开透明的方式,十分有助于维护公司声誉,但需要公司组织深入供应链当中,才能够评估二级和三级供应商。

为了补偿,苹果迫使被发现使用童工的供应商为孩子的教育出资,并在他们完成学业之前一直支付工资。包括沃尔玛、恒适

（Hanes）、彪马（Puma）、阿迪达斯（Adidas）和迪士尼（Disney）在内的许多企业已经面临指控，因为它们的某些供应商的劳动条件恶劣。这些第三方的供应商往往距公司总部数千英里之遥，发布的劳动条件声明也都被证实为造假。我们可以运用外部数据洞察来了解这些供应商的声誉和运作方式，并辨别它们的员工是否受到了公平对待。

这类丑闻除了道德与法律问题之外，还会对公司的形象产生恶劣影响。如果你最终置身这种不幸之中，肯定会想要尽快知悉情况，而这个时候，外部数据洞察是非常宝贵的手段。

分析外部信息，提前辨别高风险客户

2012 年，英国市值最大的两家银行，汇丰银行（HSBC）和渣打银行（Standard Chartered）同意向美国支付 26 亿美元罚款。这是两家银行与美国政府围绕洗钱指控而达成的和解协议的一部分。渣打银行的罚金为 6.67 亿美元，汇丰银行的罚金为 19 亿美元。这是所有被控违反制裁政策的金融机构向美国政府缴纳的最大金额的罚金。

汇丰银行被控涉嫌帮助伊朗银行和企业躲避美方监管，隐瞒与之交易的细节，违反了美国的制裁政策。据说汇丰还将数十亿美元现金从其在墨西哥的分行转移到美国，尽管当局已经对汇丰提出了担忧，称这些资金只可能是涉及非法毒品的收益。

汇丰的首席执行官斯图亚特·格利佛（Stuart Gulliver）说："我

们乐意为过去的错误承担责任。我们再次向美国有关部门表达深深的歉意。今天的汇丰与过去犯那些错误时的汇丰已经有了根本的不同。"

世界各国的银行都曾因未遵守反洗钱（anti-money-laundering，AML）监管规定而被罚款。在有的案例中，违规是由于不诚实行为，在另一些案例中，则是由于银行疏于对有疑问客户进行审查。依照严格的反洗钱监管规定和了解你的客户（know your client，KYC）规定来审批客户的请求，是一件既昂贵又耗时的工作。运用外部数据洞察，可以将审查新客户和强制性年度审核过程中需要进行的大量研究工作自动化。对新闻、社交媒体、公司账户和交易信息等进行分析，其结果可以用来辨别可疑的财产来源，并找出有政治风险的合作伙伴。

规避激进投资者

2016年1月6日，激进投资公司斯塔博德价值基金公司（Starboard Value LP）向雅虎公司董事会发出了措辞严厉的第三封信，信中声明"投资者对管理层和董事会已经没有了一丝一毫的信心"。斯塔博德CEO杰夫·史密斯（Jeff Smith）坚持认为，雅虎的领导层"在继续破坏价值"，并呼吁新的高管层和董事会"以开放的思维和新鲜的视角处理公司问题"。

斯塔博德价值基金公司是一个著名的激进股东，也是一家因采用高压方法而闻名的对冲基金。杰夫·史密斯在橄榄园餐厅（Olive Garden）的母公司达登饭店集团（Darden）年度股东大会上赢得了代理权，撤换掉了董事会的所有成员，并任命自己为董事会主席。

2016年4月，雅虎不得已同意将4个董事席位让给斯塔博德。至此，这家激进投资公司掀起的、旨在占据雅虎董事会所有席位的运动才宣告结束。后来，雅虎被迫寻找收购方，并终于在2016年7月宣布，威瑞森（Verizon）将以48亿美元现金来收购这家前互联网巨头。

成为激进投资者进攻对象的，不只有橄榄园餐厅和雅虎两家公司。上市公司越来越受到那些想为公司战略或方向定下新基调的投资者的压力。在谷歌上快速搜索一番，你可以看到下面这些关于激进投资者的新闻：

《激进投资者说，海底世界（Seaworld）需要对董事会换血》

《威朗制药（Valeant）CEO换将，激进投资者比尔·阿克曼跻身董事会》

《激进投资者热炒亚马逊性别平等议题，微软和艾派迪（Expedia）也是目标》

《欧特克（Autodesk）选择与激进投资者和解》

《劳斯莱斯在压力面前认输，授予激进投资者一个董事会席位》

《联合航空（United Airlines）准备与激进投资者大干一场》

《梅西百货（Macy）能避开激进投资者吗？》

2014年6月,《金融时报》(*Financial Times*)援引特拉华州首席大法官利奥·斯特林(Leo Strine)的话说,有些股东会议已经变成了"一种经常性的'模拟联合国',会上,投资者提议对众多无足轻重的主题进行全体投票,一而再,再而三地干扰管理层的会议进程"。

没有人能与来自激进投资者的风险绝缘。不过,洞察外部数据,有助于尽快评估风险并标记需要担心的活动。一种方式是密切关注社交媒体和网络新闻中的讨论;另一种方式是追踪观察知名激进投资者的股票交易。这样一来,当他们找上门时,你早已有所警戒。

风险管理常常聚焦于大部分的内部程序上。外部数据洞察这件强大的工具,可以用于理解与外部因素相关的风险。与品牌相关的危机、关键客户面临的麻烦,或者供应链或其他重要合伙人出现的问题等,都可以通过洞察外部数据较早地发现。这使得公司有时间做好准备并采取行动,尽可能避免即将面临的困难。

第三部分 | 实践外部数据洞察

第12章 投资中的外部数据洞察

阿卡德风险资本（Akkadian Ventures）是一家总部设在旧金山的专业风险资本投资公司，公司只关注小型次级交易，以便为私营高科技初创公司的创始人和早期员工创造流动性。公司使用自己的专有软件，追踪观察了营业收入超过2 000万美元、年均增长率在75%至100%的1.4万家公司。

公司创始人本·布莱克（Ben Black）说："我们想在没有任何人听说过优步那样的公司的时候，提前斥巨资投资，使之在世界上鼎鼎有名。如果某一天《华尔街日报》上发表了一篇文章指出：'该公司营业收入达到1亿美元，一年增长了100%。'那对我们来说，任务就结束了。"

布莱克多年来一直在传统的风险资本行业工作。2009年前后，几个朋友找到他，请他出售他们在高科技公司中的资产，因为他们需要流动资金。布莱克帮助设计了几笔交易，金额范围在5美元至1 000万美元。一天，一位第三方人士打电话给他。打来电话的这个人在一家有着3 000万美元营业收入的知名软件公司担任首席技术官。照理来说，这位首席技术官的薪水应该有500万美元，但实际上他却没有钱。他还住在学生公寓，欠着学生贷款。他解释说，他想订婚,为此需要卖出一些股票,但股票的总价值只有 50 万美元。

布莱克告诉他:"这有点难办。如果由个人来写支票,这个数额太大了点,但对于一家机构基金来说,数额又太小了。"布莱克解释说,如果这位首席技术官真的想做成这笔交易,需要做大量的工作,可能必须请 10 个人,每人填写一张 5 万美元的支票。为了让股票的买家对交易更有兴趣,布莱克向首席技术官提议,将股票的出售价格降低 1/3。首席技术官欣然同意。

正在这时,布莱克突发灵感。他意识到在二级市场中有商机可寻。在二级市场寻找交易不但困难,而且耗时。布莱克意识到,他需要编写一种软件来找出那些可以与他进行交易的公司,"而且,这个软件要使我能以快速又高效的方式找到交易对象"。

2010 年成立的阿卡德风险资本公司运用了一种数据驱动的专属调查方法,以掌握硅谷最热门初创公司的发展动向,并决定预先批准哪些公司的投资计划。

阿卡德使用网络爬虫挖掘了公开可用的数据,以找到与私营企业营收增长高度相关的数据点。布莱克说:"所有的数据都很重要。基本上,从排名前 150 位的风险资本公司到至少获得首轮融资的公司,都是我们所关注的。"

阿卡德的软件还用来寻找目标公司的个人股东。通过分析来自领英的信息,阿卡德可以辨识出感兴趣的某家初创公司的前 15 到 20 位员工。这些人持有最多股份,是布莱克的投资公司最想追求的潜在客户。阿卡德的算法还可以了解股票什么时候可供出售。

布莱克解释:"当自己不再是某家公司的高管,或者自己所在的公司被人收购时,人们大多会产生卖出股票的想法。通过分析新闻和社交媒体中的内容,我们的软件可以自动地标记那些情况,帮助我们理解二级市场中的股票供应信息。"

布莱克和阿卡德公司在风险投资方面的创新极其成功。该公司拥有 20 家投资组合公司,其中的 7 家成功出场。这 7 家中的 5 家实现了首次公开募股,分别是斯普伦克(Splunk)、火箭燃料(Rocket Fuel)、铃盛(RingCentral)、奥能(Opower)以及康维奥(Convio);剩余 2 家被收购,分别是乌亚拉(Ooyala)和美一智能数据(Medio Systems)。2014 年 10 月,阿卡德关闭了第三只基金,目前名下管理的资产超过 1 亿美元。

殷拓集团打造"母脑"系统协助投资

在欧洲,我们发现外部数据洞察在风险投资中越来越重要。2016 年 5 月,欧洲投资界巨头殷拓集团宣布,在一个名为"母脑"的专有软件系统的帮助下,他们已经筹集 6.32 亿美元资金,打算投入欧洲市场。

他们秘密武器的名称,来自世嘉公司(Sega)1989 年推出的电脑游戏《梦幻之星 2》(*Phantasy Star II*)中的虚构角色。根据维基百科"梦幻之星 2"的词条内容,"母脑"把自己定位为一种仁慈的力量,"实现着它看管的那些人的每一个梦想和每一种渴望"。

如果不是游戏制作人员如此严肃认真的话,这听起来真像是哄小孩子的东西。

成立于1994年的殷拓集团是欧洲最大的投资公司,管理的资产接近320亿美元。为了领导新的风险投资计划,他们与欧洲一些最成功的高科技企业家合作,比如缤客(Booking.com)的创始人兼前CEO基斯·库伦(Kees Koolen)。这位荷兰人从2012年开始建议优步在国际市场扩张,但在2015年底变成了殷拓风险公司的创始合伙人。

殷拓CEO托马斯·冯·科赫(Thomas von Koch)非常清楚地表示,这只新的技术风险投资基金的野心很大。他说:"当今的欧洲有许多风险资本基金,但它们的规模都很小。一说到B轮和C轮融资,大家就都奔旧金山去了。无论是对欧洲整体还是对各公司来说,这都是危险的。殷拓集团可以在我们的投资组合中把一家公司从0发展到400亿美元。我们想在欧洲建立一个强大的企业。"

殷拓集团的"母脑"是一个在全公司范围内都适用的计划,能够协助他们在所有基金中的投资。殷拓没有公开这些算法的详细运行情况,但我们知道的是,这个工具至少从20个在线数据来源中搜集数据,比如初创公司数据库Crunchbase和网络流量测量网站Comscore以及脸书和推特之类的社交媒体。据报道,"母脑"还利用来自殷拓集团投资组合公司毕威迪(Bureau van Dijk)的数据。该公司追踪着世界各地1.6亿家公司的财务数据。"母脑"的目标是在没有任何人察觉时便发现哪些公司正在积聚发展力量。

社交媒体：股市晴雨表

社交媒体是阿卡德与"母脑"在作出投资决策时都依靠的一种重要数据。2010年，咨询公司博然思维集团（Brunswick Group）对448位投资者开展了一次调查，其中43%的人认为，社交媒体已成为主宰他们投资决策的重要因素。如果市场有一些透明发布信息的机制，那么，每位投资者都会立即获得关于公司的所有信息，包括正式的报告、新闻发布会上透露的消息等。但在现实中，这些信息只是偶尔才能使用，月度销售报告一年只有12份，季度盈利报表一年也只有4份。相反，社交媒体却总能产生可以预测股价趋势的实时外部数据。

社交媒体的数据适合进行前瞻性分析。人们能够以极高的频率进行检测，而且客户在网络上研究产品，会无意中看到其他消费者留下的评论，并且受其影响。比如，根据人们在社交媒体上所说的内容，假如某品牌的真空吸尘器因其强大的吸力而获得十几条好评，那它的销量可能上涨；相反，假如一些父母在网上说，他们的孩子对某品牌的玩具很快失去了兴趣，那它的销量可能下跌。

2011年，休斯敦大学的瑟哈德里·蒂鲁尼莱（Seshadri Tirunillai）与南加州大学洛杉矶分校的杰拉德·J.特利斯（Gerard J. Tellis）发表了一篇题为《聊天真的重要吗？用户原创内容与股票业绩的动态关系》（"Does Chatter Really Matter? Dynamics of User-Generated Content and Stock Performance"）的文章，文章研究了社交媒体中的聊天是否与股市的业绩有关。两位作者决定将网民们的情绪与股票市场业绩进行对比，因为他们觉得，这是衡量高管是否在努力实现股东价值的最真实指标。

蒂鲁尼莱和特利斯选择了几种非常独特的社交媒体内容，即产品评论和产品评级，因为他们觉得，与博客、视频和社交网站相比，这类数据中不会有太多的杂音。评论和评级反映了一种特定的意图，因此，它们的内容也相应地比其他普通信息来源更加直白和清晰。于是，他们每天搜集15家公司的数据，持续了四年之久。

他们选定了6个市场，分别是：个人电脑市场，以惠普和戴尔（Dell）为代表；手机市场，以诺基亚和摩托罗拉为代表；个人数字助理/智能手机市场，以黑莓和Palm为代表；鞋类市场，以斯凯奇（Skchers）、添柏岚（Timberland）和耐克为代表；玩具市场，以美泰儿（Mattel）、孩之宝（Hasbro）和跳跳蛙（Leap Frog）为代表；以及数据存储市场，以希捷科技（Seagate Technology）、西部数据（Western Digital）和闪迪（SanDisk）为代表。

从2005年6月到2010年1月，亚马逊、Epinions.com和雅虎购物（Yahoo Shopping）这三个拥有巨大网络的媒体平台成为每天计算分析的对象。他们的分析方式是，计算评分的数值、记录每天发布的评价数量以及判断评价是正面的还是负面的。

蒂鲁尼莱和特利斯的团队发现，"评价数量"对研究中的所有指标都有着最强的影响，既影响超额报酬，又影响交易量。"评价数量"可能受到线下市场营销的直接影响，也就是说，线下市场营销会增加正面的讨论，减少负面的讨论。

蒂鲁尼莱和特利斯二人在文章中写道，社交媒体是未来销量、现金流和股市业绩的良好指标。人们在线上对某种产品谈论得越多，生产这种产品的公司在股市中的表现也就越受影响。

人工智能也要参与投资决策？

随着人们要解读的数据总量越来越庞大、复杂程度越来越高，人工智能和机器人闪亮登场。2014年，香港生命科学风险投资公司深智慧创投（Deep Knowledge Ventures）任命一个被称为VITAL的人工智能系统为投资者董事会的一员，让它在未来每一次投资决策中都有投票权。

2016年8月，融文集团在伦敦肖迪奇的数据科学合作空间正式启动。启动仪式上的一个专家小组会议讨论了人工智能投票权的问题，当时，温顿资本（Winton Capital）负责战略的高级副总裁打趣说，温顿资本的每次投票都由电脑完成。温顿资本是欧洲最大的对冲基金之一，管理的资产达300亿美元。温顿采用算法来作出投资决策，在他们的400名员工中，一半是数据科学家。温顿资本官方网站的主页概述了它们的投资理念："温顿资本的投资管理方法包括将投资界作为一个大型的数据汇总来对待，在其中，我们可以寻找某种模式和结构来提供一定的可预计性。"

2016年5月，斯蒂芬·陶博（Stephen Taub）在对冲基金行业的在线杂志《机构投资者的系统风险》(Institutional Investor's Alpha)上发表了一篇文章。文章称，人工智能专家、定量对冲基金 Two Sigma 联合创始人大卫·西格尔（David Siegel）预言，计算机总有一天将成为比人类更优秀的投资者。陶博说："投资界面临的挑战，是人类的大脑并没有比一个世纪之前更好，如果要一个人运用传统方法，在脑海中同时处理全球经济产生的所有信息，未免太难了。到最后，没有哪位人类投资经理能够战胜计算机。"

陶博预测的未来就在我们眼前。根据《机构投资者的系统风险》推出的"对冲基金富豪榜"（Hedge Fund Rich List），2016 年世界上盈利能力最强的对冲基金经理，排名前三的都是"数据分析专家"，即在投资中很大程度依靠计算机系统的经理。在排名前八的经理中，只有两人使用传统方法投资（见表 12.1）。

只要你仔细研究过世界上最杰出的基金经理人的背景，会发现一个很明显的模式。在华尔街这些收入最高的人中，你可以找到一位前数学教授、一位前计算机科学教授、一位前数学奥林匹克竞赛队员以及一位毕业于麻省理工学院（MIT）计算机科学系的人工智能专家。这份名单上的一半的人首先是数学奇才，然后才是投资者。

詹姆斯·西蒙斯用公式跑赢市场

华尔街最著名的数学奇才是詹姆斯·西蒙斯（James Simons），一个待人友善、留着白胡子、讨厌穿袜子的人。西蒙斯先是于 1958

表 12.1 公司决策类型对比

排名	投资者	类型	投资公司	收益
1	肯尼斯·格里芬(Kenneth Griffin)		城堡基金(Citadel)	11.6亿英镑
2	詹姆斯·西蒙斯(James Simons)	🤖	文艺复兴科技公司(Renaissance Technologies)	11.6亿英镑
3	雷蒙德·戴利奥(Raymond Dalio)		布里奇沃特投资公司(Bridgewater Associates)	9.58亿英镑
4	大卫·泰珀(David Tepper)	🧠	阿帕卢萨资产管理公司(Appaloosa Management)	9.58亿英镑
5	伊斯雷尔·英格兰德(Israel Englander)		千禧资产管理公司(Millennium Management)	7.88亿英镑
6	大卫·肖(David Shaw)		德劭集团(D.E.Shaw Group)	5.14亿英镑
7	约翰·欧文德克(John Overdeck)	🤖	二西格玛投资	3.42亿英镑
8	大卫·西格尔		二西格玛投资	3.42亿英镑

资料来源:《机构投资者的系统风险》。

年从麻省理工学院数学系毕业,获得理学学士学位,23岁时又从加州大学伯克利分校获得数学系博士学位。毕业后,他在麻省理工学院和哈佛大学担任数学教师,然后加入了普林斯顿国防分析研究所,"冷战"期间在美国国家安全局任职,负责破译密码。此后因为公开质疑美国国家安全局而被解雇,最后在纽约州立大学石溪分校担任数学系主任。

在科学界,西蒙斯是活着的传奇,他因共同提出陈-西蒙斯方程式（Chern–Simons equation）而闻名，这个方程是现代理论物理学中最重要理论之一弦理论（string theory）的关键要素。这一理论致力于将爱因斯坦的广义相对论与量子力学结合起来，构建出能统一说明重力与粒子物理学的"万物理论"。

由于西蒙斯的这一成就，美国数学学会授予他几何学中的最高荣誉——奥斯瓦尔德维布伦奖（Oswald Veblen Prize）。西蒙斯在自己漫长的一生中还作出过许多其他重要的科学贡献。在他75岁生日那天，美国数学界与科学界的四位泰斗就他作出过杰出贡献并推动发展的知识领域发表了演讲。

西蒙斯学术成果斐然，但他今天最著名的身份还是一位投资者。事实上，他是最杰出投资者之一。1982年，他创建了文艺复兴科技公司。这是一家投资管理公司，它们相信，数学和统计学可以用来作出能够跑赢市场的交易决策。文艺复兴科技公司是最早的算法交易基金中的一家，取得了极其辉煌的业绩。

公司旗下的标志性基金名叫大奖章基金（Medallion）。彭博社2015年6月16日发表的一篇消息指出，从1994年到2014年，大奖章基金扣除税费之前的年均回报率高达71.8%。文艺复兴科技公司这种非同寻常的回报，使得西蒙斯可以向他旗下的投资者收取同样高昂的佣金。普通对冲基金收取的佣金为管理资本的2%和利润的20%。西蒙斯的基金收取的佣金比例分别是5%和47%。但这并没有阻止资金源源不断流入。当前，文艺复兴科技公司管理的资金达650亿美元，是世界上规模最大、运营最成功的对冲基金之一，将西蒙斯推向世界上最富有的富豪之列。仅 2015 年一年，他就赚了 17 亿美元，《福布斯》杂志指出，截至 2016 年 8 月，他的财富净值为 165 亿美元。

西蒙斯的方法是聘请不具备金融业背景的卓越科学家。他将世界上一些最优秀的物理学家、天体物理学家、统计学家和计算机科学家招至麾下。文艺复兴科技公司约有 300 名员工，大约 90 人是博士。西蒙斯的这个科学家团队没有交易经验，但他们将海量的数据集中起来，运用数学和科学方法开发算法，由算法来充分利用市场中的隐藏模式与规则，从而跑赢市场。

西蒙斯采用的这种非正统方法和他取得的巨大成功，还在继续改变着华尔街上股票和其他金融工具的交易方式。今天，在华尔街交易的所有股票中，70% 以上由机器人交易。

尽管文艺复兴科技公司并没有公开过它们分析的数据，但专家们将公司取得的卓越成就归功于数据的广度，这些数据"涉及金融与经济现象的各种外围事件"。文艺复兴科技公司成功的秘诀，还可以从一个事实中寻找线索。当西蒙斯于 2009 年放下公司的日常经营权时，任命了两位计算语言学家共同经营公司，一位是彼得·布朗（Peter Brown），另一位是罗伯特·默瑟（Robert Mercer）。计算语言学是一个跨学科领域，主要研究如何让计算机理解文本。这表明文艺复兴科技公司的关键秘诀是能够分析文本，同时也表明，公司在交易中运用的信息优势，是通过实时分析大型的文本数据组实现的。

根据这些解释，我想要大胆推测一下。有没有可能，文艺复兴科技公司辉煌成就背后的其中一个因素是它们系统地利用了隐藏在外部数据洞察中的大量信息？开放的互联网是最大的文本数据组。从技术上来说，人们很难对其进行挖掘，因此，它也没有得到充分的利用。

不过，文艺复兴科技公司拥有独一无二的世界级科学家团队，能够比其他人更好地解决这个问题，借由提取其他人发现不了的洞察，它们就能取得多方面的优势。当然，这纯属我个人的猜测，但如果真的如此，那就不难解释它们的高回报率了。如我们在本章开头探讨的那样，早在 2010 年，蒂鲁尼莱和特利斯就撰文指出，社交媒体是未来销量、现金流和股市业绩的良好预示符。某一产品在网上引发的讨论越多，其公司在股票市场中的业绩便越受影响。毫无疑问，作为华尔街对数据最敏感的公司之一，文艺复兴科技公司比任何人都更早地意识到这个事实。

如我们在本章中看到的那样，外部数据洞察在投资决策中的作用越来越重要。无论是风险投资界的美国阿卡德公司、欧洲的"母脑"，还是亚洲被授予董事会投票权的专家系统 VITAL，都表明这将是一种全球化的趋势。此外，外部数据洞察还可能在专有算法中扮演重要作用，这种算法将主宰当今上市股票与金融工具的交易。

今天的职业投资机构是聘请了数学奇才与科学家的先进的高科技公司。而其他公司的投资决策则远没有那么先进，而且在分析的数据范围和部署算法的严谨程度上都远远落后。

各公司可以从职业投资者那里学习，从而在投资公司的资源时优化回报率。例如，亚马逊使用一种复杂的技术来实时追踪并改进用户转化。奈飞运用顶级的机器学习，根据用户的观看历史来推荐影片。通过使用外部数据洞察来确定竞争标准，各公司可以采用同样的严谨性来制定最优的投资策略，然后运用到广泛的竞争领域中，比如品牌建设、客户满意度和产品。

正如同算法模型改变了公开交易的股票与金融工具，公司的投资决策也将走上同样的道路。公司决策者们可以运用他们手头的先进软件，实时分析各种情境，并根据公司的目标实时选择最优的投资策略。在接下来的几章中，我们将更加详尽地研究这种软件的组成以及未来的外部数据洞察将带给我们的其他相关事物。

第四部分
PART 4

在数据海洋中扬帆远航

我们今天拥有海量的数据，和我们未来将拥有的相比，只是极少部分。数据的数量还会继续增加，我们可以得到更多的洞察。如果我们的技术也发展到了能够轻松应对海量的数据的程度，那将会是怎样一番景象？

第13章 新的决策工具：外部数据洞察软件

2011年12月的第一个星期，融文集团高管团队在巴塞罗那举行了一场战略会议。我们坐在W酒店的地下室里开会，试图为公司制订下一个五年计划。

我们首先确定了一个主题："世界将会朝着什么方向发展？"我们认为，只要对行业发展达成了共识，那就更容易找到融文集团融入大环境之中的方法。

地下室阴暗潮湿，没有自然光，也没有新鲜空气。在那里激烈讨论两天后，我们终于重新见到了西班牙的阳光。我们得出的结论是，在5年内，也就是到2016年底，一种全新的软件类别将会横空出世。

如我在前文描述过的那样，这种软件将对外部数据做的事情，恰好是如今的商业情报对内部数据做的事情。通过强大的数据科学与自然语言处理，这种软件将分析招聘广告、社交媒体、新闻、专利申请、法庭文书、公司官网等。此外，这种软件将把众多的外部数据来源联系起来，产生关于竞争、客户以及整个行业的强大情报，其复杂程度前所未有。我们称这种新出现的软件类别为外部数据洞察。

第四部分 | 在数据海洋中扬帆远航

我们开始满腔热情地梦想着这个新的软件类别可以怎样改变公司的决策。ERP 和商业情报在公司所有运营数据的基础上，将决策转变成一种严谨的数据驱动的方法。外部数据洞察则会扩展这种趋势，将目光转向影响公司发展的所有外部因素。

有了合适的软件，各公司能够实时衡量外部因素的影响，在公司的"仪表盘"上清晰地显示波特五力，并发出实时警报。

这次战略会议后不久，融文集团举全公司之力实施制作这种软件的五年计划。我们首先用几年时间重新编写我们的整个数据平台。接下来着力发展数据科学，将广泛的数据类型联系起来。我们收购了 6 家专业的科技公司以弥补技术上的不足。新产品的首个版本计划在 2017 年第二季度推出。

外部数据洞察软件解决了一些技术难题，使我们可以应用本书第二部分介绍的决策范例。外部信息可以提供宝贵的前瞻洞察，从概念上我们很容易理解，但要处理海量的在线数据，并将其提取为实用的、可采取行动的洞察，却不是件小事。

除了外部数据的数量浩如烟海之外，处理外部数据的另一个挑战是，它比内部数据更加难以分析。内部数据通常是有组织的，而且一般主要是数字。相反，外部数据是没有组织的，一般由文本组成。电脑十分擅长分析数字，但用电脑来分析文本，则困难得多。如果只是找到各种不同风格与格式的网络文本，对分析没有帮助。推文、招聘广告、新闻报道、专利申请等，全都是文本文档，但它们的风格、语法甚至拼写都大相径庭。

要以统一的方式将说着不同语言的人们发表的各种洞见综合起来,已经是一件超级复杂的事情了,可以想见,对这些洞见进行分析,该是一项多么巨大的挑战。

内部数据与外部数据的性质迥然不同(见表13.1)。分析外部数据,需要采用一系列完全不同的技术。

随着越来越多的人意识到外部数据洞察的重要性,市场上将出现对高度专业化的软件的需求,这种软件可以将外部数据洞察从愿景转变成实际。这种软件要具备先进的文本分析能力,是一种可以从网络噪声中去粗存精的软件,一种能够集中不同语言的洞察的软件,一种能在众多类型的外部数据中"连点成线"的软件。

表 13.1　数据内容对比

内部数据	外部数据
有组织	无组织
清晰	嘈杂
主要是数字	主要是文本

正如需要管理与分析由于 BI 和 ERP 的发展而日益增多的内部数据那样,以同样方式管理和分析外部数据,将把外部数据洞察的发展推入无处不在的下一代决策软件之中。

外部数据洞察软件会经历与 ERP 系统相同的发展历程

研究甲骨文公司的发展，我们可以了解到外部数据洞察软件类别将会如何演变。甲骨文公司是从能够收集与保存内部数据的数据库发展起来的。随着人们对更加先进的功能的需求，甲骨文增加了工作流程、商业逻辑、视觉化和分析动能，以满足不同公司部门的特定需要。

为了满足日益增长的需要，甲骨文开始大批收购企业。2004 年到 2016 年，甲骨文进行了 20 多场战略性的收购，价值 450 亿美元（见表 13.2）。

甲骨文的第一桩收购，是以 100 亿美元恶意收购仁科软件（PeopleSoft），此举确保了甲骨文拥有世界上使用最广泛的人才管理软件。第二个收购对象是行业领先的 CRM 公司希柏（Siebel），标出的收购价格是 58 亿美元。希柏公司由前甲骨文公司员工汤姆·希柏（Tom Siebel）与年轻天才拉里·埃里森（Larry Ellison）共同创建。仁科软件与希柏是甲骨文公司日后整个企业软件产品中的重要组成部分。

多年来，甲骨文增加了供应链、计费、营收管理、客户支持、商业情报、商务、销售点（point-of-sale，POS）系统及营销部门。2016 年 7 月，甲骨文宣布以 93 亿美元的价格收购网速公司，后者是基于云的会计软件的世界领军者。

表13.2 甲骨文公司重大收购时间表（2004—2016年）

年份	公司	金额	行业
2004	仁科软件	103亿美元	人力资源
2005	希柏公司	58亿美元	客户关系管理
2005	全球物流技术公司（Global Logistics Technologies）	未披露	供应链管理
2006	门户软件公司（Portal Software）	2.2亿美元	计费和营收管理
2006	Stellent 公司	4.4亿美元	企业内容管理
2006	MetaSolv 软件公司	33亿美元	运营支持系统
2007	海波龙公司（Hyperion）	33亿美元	运营支持系统
2007	爱捷软件公司（Agile Software）	4.95亿美元	产品生命周期
2008	BEA 软件公司	85亿美元	中间设备
2010	太阳微系统公司（Sun Microsystems）	74亿美元	服务器、Java和MySQL
2011	即时公司（RightNow）	15亿美元	客户关系管理
2011	数据展现公司（Endeca）	10亿美元	电子商务、搜索以及客户体验管理
2012	塔莉欧研究公司（Taleo）	19亿美元	人力资源
2012	Vitrue 公司	3亿美元	社交媒体营销
2012	Eloqua 公司	8.71亿美元	营销自动化
2013	艾可美公司（Acme Packet）	21亿美元	通过不信任的互联网和无线网络实现语音和数据服务的网络技术
2013	泰科来公司（Tekelec）	未披露	用于移动数据的管理与货币化的软件

续表

年份	公司	金额	行业
2013	大型机器公司（Big Machines）	4亿美元	企业生产力
2013	Responsys公司	15亿美元	数字营销
2014	MICROS系统公司	53亿美元	销售点系统
2016	Data Logix公司	未披露	消费者数据收集
2016	网速公司	93亿美元	会计与财务

历史将会重演，在外部数据的领域上，我们也将见证类似的发展。外部数据存储库是一种搜索引擎，因为外部数据天生就是没有经过组织的。除了中央外部数据存储库，我们还将看到各企业对工作流程、业务逻辑、可视化、分析等越来越强烈的需要，正如我们对内部数据那样。和ERP软件一样，外部数据洞察将发展成为整个公司广泛使用的产品与服务，每个部门都将定制独特的功能。

销售部门将配备智能算法，以搜索互联网，寻找数字面包屑，辨别新的潜在客户。这种软件将提供关于推销什么、向谁推销、什么时候推销等信息的情报。如果你不知道谁是客户公司的影响者或决策者，软件还将推测你的圈子中有谁可以向你介绍。

人力资源部门将配备一些网络爬虫，以寻找最优秀的新的招聘候选者。比如，这些机器人能够密切注意20个最合适的候选对象，并在网上找寻关于候选对象的数字面包屑，从中了解接触候选对象的合适时间。晋升、特别保护期满、领导变更、投资减少、周年纪念日或者裁员等触发因子，都有助于找到合适的时间吸引外部人才加入董事会。

财务部门依靠先进的软件挖掘大量在线数据，以便实时地与重要竞争对手进行绩效对标。这种分析将追踪关键竞争维度，比如产品投资、销售与市场营销、客户满意度等。分析结果将进行详细的细分，以了解每个市场、每种产品以及每种目标人群的发展动态。

传统的 ERP 与外部数据洞察是两个互补的软件类别，必须经常交流并密切协作。ERP 着眼于内部，聚焦于运营效能；外部数据洞察用于了解外部情况。通过持续不断地追踪外部数据，智能算法将发现一些模式，并且标记即将显现的威胁与机遇。ERP 解决方案十分有利于各部门监测它们的运营执行情况，而外部数据洞察将有助于各部门监测瞬息万变的外部因素。

外部数据是下一个前沿阵地。如果系统、严谨地分析每天在开放的互联网上产生的数十亿个数据点，就可以用基于事实的分析来替代今天的推测，可以辨别趋势、预测未来发展。各公司一旦征服了外部数据这片"野生丛林"，将更有助于它们理解竞争格局以及行业发展动向。

ERP 和 BI 将决策转变成为一种充分利用运营数据的系统学科。外部数据洞察追踪了影响公司的外部因素，将成为董事会、高管和各个运营部门的下一代决策支持软件。

第 14 章　要解决的难题

外部数据洞察的潜力巨大，但想要充分挖掘它的潜力，还需要解决许多技术难题。

从外部数据中不容易获取洞见，因为它们深埋在海量数据之中。这些数据本身是极度松散、毫无组织的，而且混杂在各种语言之中。除此之外，数据还包括众多类型。为了获得深刻的洞见，重要的是将从网络新闻、专利申请、招聘广告、法庭文书以及其他数据类型中发现的东西联系起来。

在本章，我们将关注一些这样的问题，并介绍一些正在努力解决问题的初创公司。

如何将大数据与预测分析整合到决策过程中？

外部数据洞察最独特的是它的前瞻性。当一家公司加快发布新销售岗位的招聘广告时，预示着它们正在加大销售领域的投入，争抢客户的竞争将会越发激烈。把来自网络的所有前瞻性数据点融入全面的预测之中，需要将对行业的深刻了解与统计学和机器学习中的先进方法结合起来。拥有一些能够准确预测未来客户需求、未来销量以及未来成本趋势的算法，是非常难能可贵的。今天，我们拥有大量可用的数据组，使得上述这些抱负变得越发可能实现。

众多组织在朝着这方面努力，但我发现其中一家公司特别有趣，就是总部设在俄亥俄州的初创公司 Prevedere。其创始人是理查德·瓦格纳，我们在第 8 章介绍过他。在创办这家公司之前，瓦格纳在一家名为波顿化学（Borden Chemical）的公司中工作，该公司如今被称为迈图（Momentive）。

1998 年，波顿化学对食品、奶制品以及墙纸黏合剂和疯狂快干胶等工业产品很感兴趣。瓦格纳致力于执行和管理该公司位于俄亥俄州都柏林市的 ERP 系统。起初，该系统着眼于自动进行交易活动，然后转而应用到销售、市场营销和财务上。商业情报系统将存储在一个库中的内部数据整合起来，以提供有用的洞见。

瓦格纳说："我们把所有的系统都摆出来，并且围绕收集到的数据出具了一些深刻的报告，但公司主管级特别是高管级的决策者从来不看这些报告。即使我把这些报告从商业情报系统中提取出来，等他们一到办公室时便放到他们的电脑桌面上，他们也很少点击。"

2010 年，瓦格纳与公司的首席财务官进行了会谈。他回忆道："我说：'嘿，我注意到管理层好像不在乎这些数据，我们是不是忽略了什么？我还要怎么做才能让那些数据变得更有用？'"

首席财务官回答说，他为高管们提供的那些图表是有用的，但是，"全都是一些内部的、历史的数据，是我们已经知道却没有办法改变的数据"。首席财务官解释，老板们都在追踪能够研究行业动态的外部驱动因子，如能源、石油、天然气、汽车、建筑与房地产等方面的信息，这些都影响公司的战略决策。瓦格纳所在的公司是一家全球化工公司，拥有广泛的产品种类，负责追踪公司绩效的老板们需要更多的指标，比如要进入哪些市场、退出哪些市场、原材料的价格波动情况、在多个市场领域中产品与服务的需求情况等。瓦格纳说，这次谈话让他恍然大悟。

瓦格纳考虑了一种可能的解决方案，并和美国化学理事会（American Chemistry Council）首席经济师凯文·史密斯（Kevin Smith）进行了交谈。史密斯曾写过一篇关于化学行业中领先指标的论文。在写论文时，史密斯采用传统方式，通过研究与分析统计数据的办法来搜索论文需要的数据。

瓦格纳意识到，他可以制作一种软件使这个过程自动化，这也许比之前经济学家和行业专家的"猜测"效果更好。正如他所说的："这是一种关于我们的需求变化的真正基于事实的洞见，但它不只反映出我们处在哪个周期、需求将会上涨还是下跌，而是具体体现出需求到底是多少、我们要为每一种产品开创多大的市场。"

瓦格纳在业余时间也埋头工作，在一位研发人员的帮助下构建了这个系统，并于 2011 年在波顿化学运行。那时，他还没有创立自己的公司。今天，他的 Prevedere 公司成功帮助宝马和百胜餐饮集团等众多财富 1 000 强企业更准确地预测客户需求和未来销量。Prevedere 公司成了企业业绩预测领域的领军者。2017 年初，公司宣布首轮融资 1 000 万美元，而来自硅谷的风险资本家和微软风险资本的融资额度总计达 2 000 万美元。

人们经常援引瓦格纳在融资声明上说过的话："过去十年，各公司难以将大数据与预测分析整合到它们的计划与决策过程中。Prevedere 公司消除了这种妨碍洞察的传统壁垒，实现了访问实时数据、自动发现领先指标以及直观的预测建模等功能。这正是全球企业纷纷求助我们来提高业绩的原因。"

让计算机理解语言

分析外部数据的一个根本障碍是计算机难以理解文本的意义。不过，早在计算机刚刚问世时，一个被称为自然语言处理（NLP）的技术就已经在着手解决这个问题。NLP 是什么？简单地讲，它是一种帮助计算机学习语法和弄懂文本潜在意义的技术。使用 NLP，计算机可以自动确定某篇文章的情绪，并且辨别公司名称或品牌。NLP 是当今最难解决的问题之一，即使是最先进的算法，也远远谈不上完美。但是，得益于处理能力的大幅提高以及机器学习的创新，NLP 仍然是一个快速发展的研究领域。

2014 年 10 月，斯坦福大学博士毕业生罗伯·芒罗（Rob Munro）与人共同创办了一家名叫 Idibon 的初创公司，该公司为大规模实用性 NLP 这一领域作出了令人瞩目的贡献。该公司的设计从本质上与语言无关，也就是说它不依赖于任何一种特定的语言。

"世界上只有5%的人说英语。"他说,"在大多数的数字技术上,英语已经成了一个小语种。在数字化的交流中,英语的使用率会降到低于10%。"未来可能不再会有主流语言,中文会占10%~15%,英语和阿拉伯语约各占5%,西班牙语的比例还要更低一点,而剩下的语种则难以计数。

Idibon软件基于人工智能,不对语言作出任何预设,而是与用户互动,以构筑其知识基础。今天的Idibon能够使用60种语言,包括单词与单词之间没有空格的中文和日语、从右至左书写的阿拉伯语和希伯来语以及有着独特字母的韩语。

芒罗说:"联合国儿童基金会(UNICEF)将我们的软件运用在十几种撒哈拉以南非洲地区的语言上。"NLP使得该基金会能够尽快处理关键信息,如受到联合国儿童基金会支持的国家的人民向联合国发送的短信。起初,建立这种机制是为了使这个政府间组织能够进行调查工作。但后来,联合国儿童基金会发现,它们收到了大量不请自来的信息,比如某个村庄被洪水淹没,或者某位老师猥亵学生。这类敏感而关键的信息需要基金会快速响应,或者转交给合适的组织来处理。

Idibon公司还与汽车行业的客户合作,通过研究社交媒体来了解购买模式。芒罗说:"挑选大件商品时,人们更倾向于登录社交媒体,看看朋友圈子中什么人已经买过。"这使得Idibon公司能够以90%的准确率辨别出那些表达过买车意图的人们。

他指出:"在美国,我们关注过14种型号的汽车,其中的10种型号,我们可以将网民的买车意图与实际月销量联系起来。这比情绪分析走得更远,比宣布销售数据更加超前。这类预测应用对于理解某些公司股票价格的变化极其宝贵。如果你是这些汽车公司的内部人员,这样的情报也很有价值,因为那样一来,你知道应当把库存保持在什么位置。如果你是一位竞争者,知道哪位竞争对手已经在当月领先于你以及为什么对方会领先,同样十分宝贵。"

运用数据科学处理复杂数据

数据科学是一个概括性术语,指的是用于分析数据组的数学方法,用来分析大量的复杂数据。我们生活在"大数据"时代,被各种数据所淹没,既有内部的,也有外部的。我们想要获得的洞见可能极其珍贵,但通常也十分难以提取。正因如此,人们称数据科学家是 21 世纪最性感的职业。

数据科学家的大部分工作是修正噪声与数据偏差。通过消除这些干扰,从数据中寻找规律便会容易得多,这也是提取宝贵洞见的第一步。计算机系统可以通过运用反馈环来"学习",它获得的数据与反馈越多,便能越出色地辨别规律。这种学习通常被称为"机器学习"或"人工智能",是前面提到的预测分析和 NLP 中使用的核心方法。

创办于 2010 年的卡歌网是世界上最引人关注的数据科学公司之一,总部设在旧金山,由经济学家安东尼·戈德布卢姆(Anthony

Goldbloom）和技术专家本·哈姆纳（Ben Hamner）共同创办。卡歌网因组织竞赛而闻名，世界各地的数据科学家纷纷为追逐奖励与名声而竞争。在卡歌网组织的竞赛中获得解决的大多数问题，都是令人难以置信的难题。

梅约诊所（Mayo Clinic）为了更早和更准确地检测到癫痫病患者的癫痫发作，在卡歌网的帮助下众包了一个算法。微软寻求卡歌网的帮助，组织了一场竞赛，以改进它们运动产品中的手势识别功能。福特汽车公司（Ford）也在卡歌网的帮助下，为及时地检测驾驶员的疲劳情况研发了一个众包算法。

我觉得格外值得令人关注的是2012年11月推出的悬赏10万美元的一个竞赛，它的奖金数额比一般情况下要高得多。这项竞赛被称为"通用电气医院任务挑战"（The GE Hospital Quest Challenge），目的是使美国人的入院治疗更有效率。通用电气估计，每年因一些不必要的流程而浪费的金额高达1 000亿美元，比如拖延即将实施的手术、不必要地浪费时间、官僚主义以及设备的丢失及损坏。而这些现象导致患者推迟出院，又极大地消耗了资源。

该竞赛要求参赛团队制作一个有效的App，通过改进操作效率提升客户体验。每位参赛者都决定专注于解决系统中特定的"痛点"，从帮助患者更好地理解他们出院后的护理方案，到确保根据患者的需求而将护工们分配在需要他们的地方。

竞赛中胜出的App名为艾丁（Aidin），由拉斯·格兰尼（Russ Graney）、迈克·加尔博（Mike Galbo）以及贾南·拉吉维卡兰

（Janan Rajeevikaran）设计。这三人之中，拉斯·格兰尼以前是咨询师，后来转行当了战略项目经理，迈克·加尔博是能源工程师，贾南·拉吉维卡兰是软件设计师，他们决定重点关注美国医院每年累计耗费约 174 亿美元的环节——再入院程序。

那时，美国大约有 1/4 的病人在 30 天之内从后期急性护理系统中流转出来，再度住院。艾丁通过整合出院管理流程，使之更有效率，以便为后期急性护理提供商提出建议，帮助这些服务提供商从管理工作中解脱出来，把注意力进一步集中到患者的积极治疗上。这个 App 将联邦医疗保险（Medicare）中的信息等外部数据、后期急性护理提供商的表现等对标数据与病人的情况结合起来，为正在进行的后期急性护理提出最优化的匹配方案。

姑且可以这么说，"内部"数据来自病人在医院的记录，如保险信息、家庭住址、出院后需要的护理类型等。外部数据则从 2.5 万家提供商中获取，如康复医院、家庭保健机构、护理机构等。艾丁这个 App 不像人那样仔细研究文件，以找到与病人需求最匹配并能提供治疗的设施，而是将各类机构提供的外部数据，如后期急性护理提供商的再入院比率或者联邦医疗保险的评级，提取出来，显示出某家提供商以怎样的频率遵循了最佳方式，或者病人在获得护理后疼痛减轻的比例等。此外，艾丁也用了类似于猫途鹰网站的方式，从病患那里收集所在地区的治疗信息。

艾丁是一个引人关注的例子，展示了数据科学可以怎样以极其强大的方式将大量复杂数据组整合起来，以提出巧妙的解决方案，据此优化医疗服务、节约资金,并使人们为他们自己的生活作出更加明智的决定。

排除统计数据中的噪音

1826年,美食家安瑟米·布理勒特-萨瓦林(Anthelme Brillat-Savarin)说了一句名言:"告诉我你平时吃什么,我就能说出你是怎样的一个人。"我们现在可以对这句名言这样改编:"告诉我你喜欢什么,我就能说出你是怎样的一个人。"社交媒体是包含内容最丰富的平台之一,从消费者洞察到竞争情报,无所不包。其实,通过分析一个人在社交媒体上"赞"了什么和分享了什么,就准确地分辨这个人的性别、年龄、受教育程度、薪资水平、喜欢听的音乐、政治倾向和性取向。

这一领域的开路先锋之一是Philometrics公司,由剑桥大学心理学教授亚历克斯·斯佩科特(Alex Spectre)创建。斯佩科特运用机器学习来挖掘社交媒体,以便为脸书、推特和照片墙上的活跃用户制作丰富的用户资料。他最初用这些社交媒体资料来完善客户调查。

今天的一些定量调查会询问客户的性别、年龄和地址,然后可能询问10个关于它们正在研究的产品的问题。斯佩科特的方法是运用这些信息,再加上社交媒体中的一些线索,为调查参与者制作更加丰富的资料。想一想你在脸书上的用户资料,也就是你发出来并且"赞"了的那些东西以及你关注的群体。通过这些，我们可以非常准确地描述你是什么样的人。举例来说，Philometrics 公司可以对你的薪酬水平和受教育程度作出很好的推测。

斯佩科特说："为了进行研究而招募的受测试人员，并不能够代表所有人。"传统的研究方法包括直接提出问题，例如，你喜欢这两位画家中哪一位的画作，是达·芬奇（Da Vinci）还是毕加索（Picasso）？你更喜欢哪种手机，是触屏式的还是带键盘的？斯佩科特指出："这种方法不合适对更大的样本进行调查，即使能调查大样本，成本也极为高昂。因此，一般来讲，各组织最多召集几百人来进行调查，然后依据结果进行推测。"

这种方法的另一个严重缺陷是人的差异性。"你和我是不同的，"斯佩科特说，"你瞧，大多数有意思的东西都各不相同。人与人之间在地理区域、年龄群体、收入高低、性别、种族、政治倾向以及任何一个你可以想象到的方面，都是有差别的。我们通常忽略了这些，也没有下定决心去了解这些差别。

"Philometrics 公司的见解是，我们可以充分利用社交媒体和其他行为数据源，来扩大消费者调查的规模。"

Philometrics 公司的愿景是打造一个平台。在这个平台上，各组织可以十分轻松地通过自动化程序开展调查，那些程序运用了能够预测调查对象反应的机器学习模型。比如，Philometrics 公司的客户可能只打算调查 500 ~ 1 000 人，但 Philometrics 公司可能会直接发给它一个包含 13 万人数据的数据组。斯佩科特说："接下来要考虑的是，怎样才能使分析真正变得容易？你已经有了13万人的数据，接下来你只需在美国地图上点击几下。不仅仅是对拥有专业技术并能够访问大量数据的人，这种方法会对所有人开放。"

但斯佩科特提醒说，这种方法对针对个人的预测的准确性还很有限。尽管如此，这些模型仍然是宝贵的，因为大多数市场研究还是针对大众的。通过斯佩科特研发的这种方法，调查中的大部分噪音得以排除，我们可以相对较好地估计群体的平均水平。这正是市场营销人员想了解的。

怎样给所有的数据建立关系？

外部数据洞察的一个很有发展前途的方面在于它能将不同数据类型之间的点连接起来。想象一下，假如网上发布的所有文档都能用一种新发现的洞察来分析，并且根据它们之间的内部关系来保存和归类。对于机器来说，解读来自不同出处以及通常出自难懂语言的文本的意义是一项挑战，但知识图表有助于将那些隐性的关联凸显出来。

例如，分析我们可以找到的专利申请资料，发现有位名叫"凯瑟琳·拉森"（Catherine Larsen）的人以IBM的名义获得了一项专利。在推特上，我们发现她喜欢意大利红酒，并经常到罗马旅行。在领英上我们了解到，她于2001年从加州大学伯克利分校电子工程系获得硕士学位后，先是在惠普担任了8年的软件研发人员，再转投 IBM，为 IBM 工作了 8 年。

挖掘广泛的数据类型，我们可以将搜索到的洞察合并成一个图谱。这样的图谱可以用来寻找数据间没有明确表现出来的关系。比如，我们可能发现，我们的工程副总裁与凯瑟琳是加州大学伯克利分校的校友；在凯瑟琳为 IBM 申请专利的那一年，我们的一位求职者在她手下工作过；还有，去年凯瑟琳在罗马期间，恰好我们的销售副总裁也在罗马。

图谱是获得更高级洞察的强大工具，目前，许多这一技术领域的专业人士正狂热地开展研发活动。这个领域面临的根本挑战是消除公司名称与人名的重名。要了解某项专利的发明者与同样使用这个名字在罗马发送推文的用户到底是不是同一个人，并不是件容易的事。一部分问题在于，同一个人名字的拼写可能会不一致。在专利申请中，她可能将名字拼写成"Catherine Larsen"，而在推特上，她可能拼写成"Cat Larsen"。由于拥有这个名字的人可能多达数百人，事情变得更加复杂。此外，人们还可能更改名字。Cat Larsen 这个人如果在申请专利后结婚了，就可能随她丈夫的姓。

在图谱领域有一家引人关注的公司，那就是位于旧金山的 Spiderbook。公司的联合创始人阿曼·乃玛特（Aman Naimat）和艾伦·弗莱彻（Alan Fletcher）都在甲骨文工作过几年，负责运营内部销售与营销的应用程序。两人意识到，大部分营销人员不会使用 App，因为这种软件并没有显示他们的工作中最重要的因素——公司之外的情况。

乃玛特说道："传统的应用是面向内部的，但销售人员在做些什么？他们90%的时间都花在这个应用程序之外。然而，赛富时、甲骨文和SAP等公司正为销售员剩下的这10%的时间制作应用程序。至于另外90%的时间都发生了什么？技术人员忽略了他们。"当然，真正有用的是客户的意图：某位客户会不会续签合同？他们会购买升级换代后的产品吗？他们对什么感兴趣？乃玛特指出："即使你对某个客户在你公司外部的世界中的行为只有10%的了解，也比你只从公司内部获悉的更多一些。"

乃玛特和弗莱彻决定根据他们在斯坦福大学开展的研究来制作下一代的应用程序，他们当时研究的重点是销售员的行为。两人创办的Spiderbook公司本身就是一张知识图谱，由互联网的所有企业构成，其数据点包括与客户、合伙人、供应商和各企业投资的领域、招聘的岗位人员以及企业优先项目。

乃玛特说道："这基本上就是互联网，只是剔除掉了业务概述中并未提到的一切，比如与业务相关的某家公司、某种产品或者某个人。"

五年前，为了能够处理300 TB到400 TB（太字节，计算机存储容量单位，也常用TB来表示。1 TB=1 024 GB。——译者注）的数据，可能需要投入1亿美元成本来建设基础设施。如今的成本只是原来的零头。乃玛特说道："我们优化了流程和硬件，以便在任何时间都能以750美元的成本读取整个企业互联网中的数据并处理它们。"

Spiderbook 公司的算法从整个万维网上搜索数据。算法能够通过自然语言处理、理解商业词汇，这意味着它能辨别人们怎样表述两者之间的关系，比如，一家制药公司和一家能源公司、一家科技公司和一家汽车公司之间的关系。

"如果你将我们的引擎与一位普通销售员进行对比，那么，它比普通销售员在精确度上高出 10 倍，"乃玛特说，"我们发现，销售员的响应率通常约为 3%。如今，我们有的客户可以获得高达 20%~30%的响应率。能够通晓一切的效果实在是太强大了。"

谷歌问世以前，搜索引擎关注关键词。谷歌决定将连点成线，并建立网页排名（PageRank）。乃玛特声称，Spiderbook 公司真正的创新是将所有碎片连接起来，把网络上所有相关的数据点全部集中到一起。

乃玛特举了一个例子，是 Spiderbook 公司正在合作的一家医疗保健创业公司。Spiderbook 公司的算法在搜索了网络并分析了数百万家可能被说服采用这种技术的公司之后，辨识出了 787 家值得发展为客户的公司。乃玛特说："Spiderbook 的算法不但告诉你可以说服这些公司推销产品，而且在整个过程中引领你。此时，算法就不再只是一个工具，它反过来还会告诉你：'你应当说服孟山都公司（Monsanto）采用我们的算法，并且让我一路引领你来辨别谁将是最有可能接受这种算法的人，因为他们正围绕某个特定主题写博客或者在 SlideShare 上分享幻灯片演示。'"

所有这些新的公司，从 Spiderbook 公司的知识图谱到

Philometrics 公司对社交信号的解读，从 Idibon 公司的 NLP 到 Prevedere 公司的预测分析，都在尝试着解决当今数据分析中某些最难的问题。它们不是一个人在战斗。放眼全世界，数千家公司正以各种方式尝试解决这些问题。得益于基于云端的计算能力的长足发展以及机器学习中的不断创新，我们离充分利用外部数据洞察的美好前景，比以往任何时候都近。因此，我们有理由乐观地相信，在不久的将来，大多数技术壁垒将被攻克，在几年之内，外部数据洞察将成为公司所有部门和所有决策层作出决策时一种常见的辅助工具。

第 15 章　全新的数据来源

回想 20 世纪 90 年代中期,那时年轻的我还是挪威计算中心(Norwegian Computing Center)一位从事机器视觉(machine vision)和人工智能的研究型科学家,我的任务之一是分析挪威山地的卫星图像,以估算冬季山顶的积雪量,并以此推测来年春季发生洪水的可能。这些数据还有另一种有趣的用途。因为冬季积雪量与挪威 278 个水力发电厂的用水数量存在关联,因而也能用来计算未来的发电量和发电成本。

过去几十年里,绕地球飞行的卫星数量急剧增长。卫星的价格越来越低,卫星图像数据也越来越容易取得。这些卫星图像曾经只有政府能够使用,如今,价格的下降使得卫星图像在商业上有了广泛的运用。随着价格进一步下降,我相信,来自卫星和无人机的空中图像将成为下一代商业分析中一个全新而常见的数据来源。

用卫星建立商业洞察

位于加州帕洛阿尔托的轨道洞察公司(Orbital Insight)将卫星图像的使用带向了另一个境界。该公司使用先进的图像处理、机器视觉和基于云端的计算能力，用卫星图像来建立广泛的重要商业洞察。比如，通过细数商业中心停车场中的汽车数量来估算零售额、通过测量商业建筑的数量来创建关于中国经济健康程度的独立数据、通过追踪观察农田的情况来预测农作物的产量等。

轨道洞察公司创始人和CEO詹姆斯·克劳福德（James Crawford）指出，我们已经具备了每天提取世界各地约800万平方千米图像的能力，在不久的将来，由于进入市场的私营卫星公司的数量日益增多，这种能力还将提高10倍。同时，随着拍摄效果比卫星更好的无人机的日益普及，这种能力还将再提高10倍。

当前，新进入卫星市场的公司制造卫星的成本，已经低到了不可思议的程度。卫星和无人机家族日益庞大，意味着我们最终将能实时地使用世界上所有城市的图像。如此大规模的数据，单靠人力不可能处理。因此，这些数据分析将由机器来完成。深度学习（deep learning，机器学习研究中的一个新的领域，其动机在于建立、模拟人脑进行分析学习的神经网络，它模仿人脑的机制来解释数据，例如图像、声音和文本。——译者注）和人工智能提升了我们观察图像的能力，并能够察觉全球的地缘经济趋势。

拥有大型停车场的特大零售商是重要的数据来源，从这里可以积累强大的消费者数据，以用于多种形式的推断。例如，轨道洞察公司通过观察停车场的卫星图像，为从事金融服务的客户提供沃尔玛或其他大型零售商的季度业绩数据。将几年来的数据集中起来，可以制作一张热图（heat map），以展现消费者更喜欢在哪里停车，以及了解季节或其他时间跨度下的用户行为模式，然后进行对比，以判断两个竞争者中哪一个表现更好。这些数据对投资者来说极其宝贵。克劳福德的看法是，停车场内的活动与公司的股票价格直接相关。

通过汇总大量的数据，我们能够察觉宏观经济的趋势，可以更加准确地洞悉宏观经济的水平。轨道洞察公司汇总了全美50家零售连锁店的数据，以便从宏观视角观察美国经济。商用无人机也将越来越多地被用于这个目的。

克劳福德相信，随着人类的进步，我们能够进行金融预测，还能够通过了解一般趋势、理解消费者到店消费行为、掌握商店的位置对销量的影响、了解城市与地区的交通类型、预测港口供应链物流情况，将整个世界作为一个地理空间问题来理解。无论数据是来自无人机、手机还是汽车，都可以成规模地进行分析，以提供对各行各业至关重要的数据。

整个地球的图像数据库

行星实验室（Planet Labs）是一家正在压低卫星图像商业应用价格的初创公司，总部位于旧金山。公司刚刚获得1.51亿美元的风险投资，是一家使用现成材料来研发和建造低成本成像卫星的企业。这些成像卫星被称为鸽子（Doves），体积比一块砖头稍大，重约9磅（约4千克）。这些卫星搭载在火箭上，连同肩负其他任务的卫星一同被发射到轨道中。正因如此,卫星发射的成本要比正常水平低得多。每一颗鸽子卫星不间断地扫描地球,每次经过地面卫星接收站就发送数据。由许多颗鸽子卫星组成的"星座",能够以 3~5 米的光学分辨率提供一张完整的地球照片。鸽子卫星收集到的图片提供了与气候监测、农作物产量预测、城市规划和灾害响应相关的最新信息。

行星实验室与美国航空航天局(NASA)之类的政府组织采用完全不同的模式。尽管两者不可直接比较,但美国航空航天局于 2013 年 2 月发射的地球资源观测卫星 8 号(Landsat 8)耗费了 8.55 亿美元,而且体积有卡车那么大。

自 2010 年成立以来,行星实验室已经设计、制造并向太空发射了 70 颗卫星,比其他所有公司都多。行星实验室称,2017 年,他们发射的在轨卫星将达到 150 颗,到时将能够每天回传两次整个地球的图像。海量的卫星图像,将史无前例地产生关于整个地球的庞大数据库,用于阻止森林火灾,甚至用于战争。

特拉贝拉为企业提供卫星图像数据

许多其他组织也从空中拍摄地球的图像,其中包括谷歌的一家名叫特拉贝拉(Terra Bella)的子公司。这家公司的卫星体积有如小型冰箱,和行星实验室的卫星一样,也是用现成的零部件建造而成,并向地球回传静态图片和高清视频。举例来说,那些图片和视频可以用来观察卡车将产品从配送中心送往零售商的情况、某个发展中国家传输的电力的瓦数，或者揭示某个城市附近海湾的污染情况。

所有这些数据，既可供政府使用，也可由私营企业使用。这既对科学家与环保活动家十分重要，也对正在创建预测模型的经济学家与金融机构的分析师至关重要。如果你可以从空中观测储油槽的情况，就可能掌握了成功开采并进入世界市场的石油数量。如果你能够分析从富士康设在深圳的制造厂中开出的卡车数量，也许就能知道下一款 iPhone 将何时发布。

物联网的普及

2016 年 7 月，日本的技术投资公司软银（Softbank）宣布以 320 亿美元的价格收购英国芯片生产商安谋（ARM）。报价比后者最近的收盘价格高出惊人的 43%，并比其历史最高价格高出 41%。

这次并购，表明软银对物联网（Internet of things，IoT）的未来发展充满信心，也代表一种投资于未来技术转型的趋势。2016 年世界经济论坛(World Economic Forum)的一份报告估计，未来 10 年，这一趋势将在节约成本和增加利润方面创造 19 万亿美元的价值。

我们很难理解如此巨大的价值会从什么地方创造出来，但暂且不论世界经济论坛这份报告准确与否，物联网将对世界产生极其巨大的影响，却是毋庸置疑的。

OUTSIDE INSIGHT

由许多颗卫星组成的"星座",能够以 3 ~ 5 米的光学分辨率提供一张完整的地球照片,收集到的图片提供了与气候监测、农作物产量预测、城市规划和灾害响应相关的最新信息。

用非常简单的话来说，物联网就是大量带有处理能力的相互连接的传感器。这些传感器可以嵌入几乎所有物品之中，配置到几乎每一个地方。设想一个配备了传感器的灯泡，一旦灯泡不亮了，传感器就可以侦测到，并将这一信息发送给维修工，同时告诉他可以在什么地方找到新的灯泡，以便他去找来换上。这样的传感器可在制造业中使用，以提高工厂的生产效率和自动化水平；它还可以为物流流程增加大量更精确的数据，并且给我们当前还无法想象的流程和业务增添大量的价值。

说到外部数据洞察，物联网一个引人关注的方面是它收集的新数据。诚然，物联网收集的大部分是公司内部数据，可以用来改进众多的运营决策与流程，但是，物联网上还有大量公开可用的数据，各公司可以充分加以利用。阿姆斯特丹、巴塞罗那、斯德哥尔摩和新加坡等城市开始推行智慧城市试点，便是充分利用物联网数据的明证。

这些城市的管理者旨在提高城市管理效率并改进市民生活质量，广泛部署互连的智能传感器来辨别交通拥堵状况、优化电力消耗、提升公共安全水平。在此过程中，传感器收集和汇总了大量信息。目前仍不清楚这些信息有多少可供公开使用，但随着传感器技术和处理的价格日益降低，人们可以轻松地想象，未来的每一条街道、每一座房子、每一处交通信号灯以及每一个道路交汇处，都将遍布传感器，以收集可供分析的数据。

卫星和无人机布满整个天空，而在地面上，微型传感器也遍及我们的家里、以可穿戴技术的形式佩戴在身体上、设置在汽车以及周边环境中。只要把它们连接起来，就可以提供图像、温度、湿度、污染程度以及其他详细信息。

从外部数据洞察的角度来看，未来的物联网是一个新的数据来源，各公司能够用它来预测客户行为、未来的需求、竞争对手的成功以及今天我们还难以完全想象的各种其他洞察。

如今，互联网上可用的信息数量已经令我们倍感惊讶了。随着时间的推移，信息的数量还会继续呈指数级增加。现在物联网还没有真正大行其道。但随着新的传感器技术的发展，我们实际上可以测量和记录所有的物品。到那个时候，光是物联网，就可能产生与互联网上公开发布的所有信息数量相当的信息。同时，随着无人机和卫星成像技术进一步发展，我们将可以通过录像和红外感应监测地球上所有地方的情况。

我们今天拥有海量的数据，但和我们未来将拥有的相比，只是极少部分。数据的数量还会继续增加，我们可以得到更多的洞察。如果我们的技术也发展到了能够轻松应对海量的数据的程度，数据洞察的价值将会提升到前所未有的高度。

第 16 章 外部数据洞察带来的问题

2016 年 11 月，唐纳德·特朗普（Donald Trump）出人意料地赢得了美国总统大选。这个结果与传统的民意调查结果大相径庭。那些结果都表明，希拉里·克林顿（Hillary Clinton）最有可能当选。曾经在 2012 年美国总统大选中正确预测了每个州选举结果的记者和统计学家内特·西尔弗（Nate Silver）也完全没有猜中，他认为希拉里有 71% 的概率当选。特朗普当选的最终结果有多么令人吃惊，从《纽约时报》在大选之夜刚开始时的预测就能略知一二。该报估计希拉里胜选的概率为 80%。随着开票结果陆续发布，这个数字在整个晚上发生了巨大的变化（见图 16.1）。

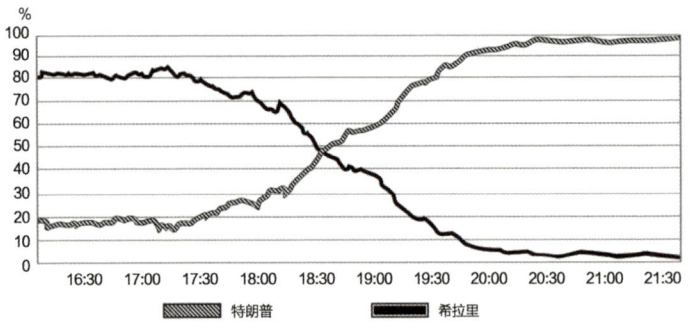

图 16.1　总统选举获胜的概率——2016 年 11 月 8 日

资料来源：《纽约时报》。

少数几家分析公司对选举结果并不意外。在结果出来之前，印度一家名叫 Genic.ai 的初创公司根据它们的模型，预测特朗普有可能胜选，该公司曾经准确预测了过去三届的选举结果。它们使用了来自谷歌、优兔和推特等网络平台的 2 000 万个数据点，运用人工智能作出预测。融文集团对社交媒体的分析也表明，特朗普在网络上，特别是社交媒体上有着很高的支持率。在选举的前一天，我们发布了对两位候选人使用标签的分析，结果表明，特朗普胜选的可能性是希拉里的两倍。早在几个月前，类似的分析方法准确地预测了英国脱欧公投的最终结果（见图16.2、图16.3）。

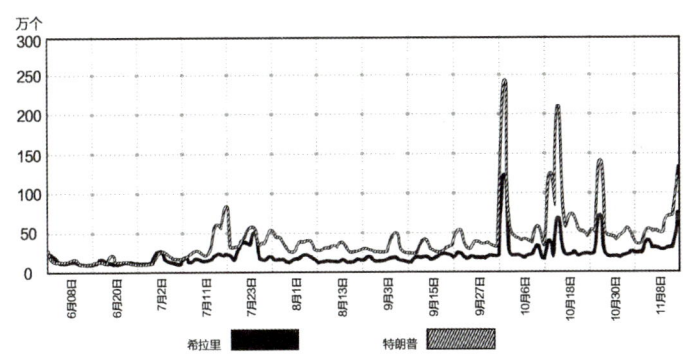

图 16.2　社交媒体中的支持率

资料来源：融文集团。

从英国脱欧公投和特朗普选举获胜中得出的结论是，传统的民意调查不再像它们以前那么可靠了，在这两个案例中，社交媒体更好地透露了人们的真实情绪。

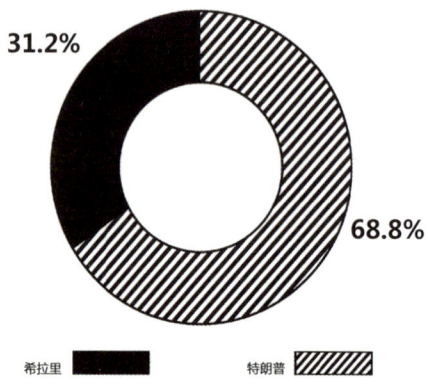

图 16.3　社交媒体中的支持率占比

在选举的前一天，融文集团发布了一项分析。分析结果表明，特朗普在社交媒体上的支持率比希拉里多出一倍，预示着特朗普将会获胜。

特朗普的胜选已成既定事实后，新闻记者和分析师们尝试了解民意调查为何如此不可靠。尽管民意调查总是存在一定程度的误差，但它们以前从来没有出过这么戏剧性的错误。2016 年究竟有哪里不同呢？

心理测量可能会被滥用

虽然人们还没有找出上述问题的所有答案，但有一点很明显，特朗普的竞选团队在社交媒体，特别是脸书上下足了功夫。特朗普的线上策略中，有一家公司至关重要，那就是剑桥分析公司

（Cambridge Analytica）。该公司是英国 SCL 集团有限公司设在美国的分支机构。《华尔街日报》2016 年 11 月 9 日发表的一篇文章指出，为剑桥分析公司提供部分资金的是文艺复兴科技公司，该公司的联合首席执行官、计算机科学家罗伯特·默瑟担任部分出资人，而拥有该公司的部分股份。

网络杂志《主板》(Motherboard) 发表了一篇题为《彻底颠覆世界的数据》("The Data that Turned the World Upside Down") 的文章，详尽描述了剑桥分析公司能够使用脸书的 "赞" 来构建复杂的心理测量模型。这些模型可以用来辨别在一些关键的摇摆州中尚未拿定主意的选民，并建议如何影响他们。

模型最初由剑桥分析公司在剑桥大学的一项研究中使用。该大学的两名博士生米甲·利辛斯基（Michal Kosinski）和大卫·史迪威（David Stillwell）将脸书的数据与 20 世纪 80 年代发展起来的被称为 OCEAN 的心理测量模型结合起来。该心理测量模型可用来测量一个人的需求、恐惧和行为模式。

一直以来，这个模型很难在实践中应用，因为它需要大量的调查数据，不过，利辛斯基和史迪威使用脸书数据来弥补了这一点。这种方法非常可靠，两人声称，每位脸书用户平均会点 68 个 "赞"，以此为基础，他们就能够预测用户的肤色、性取向、倾向于民主党还是共和党，而且准确率均不低于 85%。除此之外，他们还可以确定用户的智商、宗教信仰以及饮酒、吸烟和吸毒等情况。从这些数据中甚至可以推断某人的父母是否已经离异。

心理测量到底在特朗普出人意料的胜选中发挥了多大的作用，仍然不得而知。有人质疑说，使用脸书的"赞"来进行心理测量建模，并没有经过科学的严谨验证。他们质疑剑桥分析公司在特朗普赢得总统选举中的重要性，并称该公司作出的声明未必站得住脚。毕竟，在总统竞选的初选中，共和党参议员特德·克鲁兹（Ted Cruz）也曾使用剑桥分析公司的技术，却被特朗普击败。而当时帮助特朗普的只有他的推特账户和一个静态网站，这个网站只是特朗普花了1500美元请一位自由职业者建立起来的。

2016年美国总统选举引发的隐忧

无论脸书的"赞"在决定2016年美国总统选举的结果时有多么重要，这次选举还是将三个重要的隐忧凸显出来，而这些也与外部数据洞察有关。

第一个隐忧是隐私权。随着我们所有人都在身后留下"赞"、推文、打卡记录与照片，怎样才能保证这些数据不会被某些算法所获取，进而被别人所利用？

第二个隐忧是算法本身的危险。算法有没有可能变得太聪明了？有没有一条它们不可逾越的道德底线？

第三个隐忧是假新闻。在2016年总统大选期间，出现了大量的假新闻。在网络上广泛传播的假新闻例子，就有希拉里·克林顿在一家比萨店外经营一个儿童卖淫组织的报道、民主党想要在佛罗里达州强制实施伊斯兰法律的报道、特朗普支持者在曼哈顿集会时反复吟唱"我们憎恨穆斯林,我们憎恨黑人,我们想让我们的国家重振雄风"的报道。但有意思的是,这些假新闻反而更加坚定了现有选民的信念,并且降低了传统新闻来源的可信性。

隐私将要成为历史

许多人主张,在当今这个时代,隐私已经是个应该被遗忘的概念。随着社交媒体的发展,一个高度透明的时代已在我们眼前拉开帷幕,包括谷歌的埃里克·施密特(Eric Schmidt)在内的很多人都声称,我们必须接受隐私已经成为历史的这个事实。

大部分人并不担心他们的隐私,因为他们压根儿不知道他们到底有多少信息被分享了出去。比如,你外出到一家餐馆吃饭,你可能发现自己被标记在了别人的状态更新中。或者,某个人在你不知情的情况下拍摄了一张你的照片。状态更新和照片常常都会标记地理信息,这样一来你的位置信息也就被泄露了。

社交媒体充斥着关于你的信息,比如你在哪儿吃饭、和什么人交往、在哪里购物、购买了什么产品,还包括关于你生活的其他大量细节。即使你在社交媒体上并不是十分活跃,推特、脸书、照片墙、拼趣(Pinterest)也会知道大量关于你的信息,因为你的好友们已经在他们的社交帖子中标记了你。

对大部分人来讲,这算不上一件让他们寝食难安的事情。他们也许觉得原本就没什么好隐瞒的。但是通过分析网络数据面包屑能够找到的个人信息远比我们想象的更多。通过分析某个人脸书的"赞"或者推特的时间线，我们有可能非常精准地确定某人的工资水平、受教育程度、性取向以及政治倾向。久而久之，随着社交平台上的数据越来越多，智能算法变得越来越智能，收集到的个人信息会愈发准确，也因此更具侵略性。

在美国，公司举行面试时，不允许面试官询问候选者的年龄、宗教信仰、性取向或政治立场。之所以制定这项法律，是为了防止求职者受到歧视。但在今天，各公司的老板们可以从社交媒体中收集大部分这种信息。

2016年的美国总统大选以及剑桥分析公司的心理测量活动，将隐私的重要性凸显了出来。随着分析手段日益先进，隐私明显将成为一个越来越重要的问题。

算法会不会引发歧视与迫害？

说到算法，我们总在不停地追求"更加先进"和"更加准确"。从表面来看，似乎我们使用的算法越好，获得的好处也越多。比如，如果对我们与客户在社交媒体上的闲聊进行分析，一般都会认为算法越准确地理解客户的真实情绪就越好。但这种标准真的永远都适用吗？或者说，有没有哪种情况下算法引发了重要的道德问题呢？

2012年,《福布斯》杂志在头条位置报道了美国零售商塔吉特的数字科学项目。该报道指出,塔吉特曾根据一名高中女孩的购买历史,准确地预测出她已经怀孕,并向她发送了购买婴儿服装的优惠券,但此时,她还没有将这件事情告诉她的父母。虽然有人怀疑这条新闻真实性,但它还是例证了公司和个人具有利用算法逾越道德底线的可能。

当涉及要推断一个人的私人信息时,算法便踏入道德敏感的区域了。人们通常不会轻易分享肤色、性取向、政治倾向、受教育水平、薪资水平、智商以及宗教信仰等信息,但算法可以从大量看似无伤大雅的数据点中推断出来。这制造了许多棘手的道德问题。在美国等许多国家,在年龄、宗教或性取向上歧视求职者是违法的。在有的国家,同性恋是非法的。算法可以推断出人们的这些敏感信息,进而被其他公司或个人用来歧视甚至起诉他人。

当算法被用于对人们进行侧写,而这些侧写又被用来制定操控人们行为的策略时,可能会触及道德上最敏感的领域。如果算法先进到能推算出只要触动人们的哪些"热键"就能激发出其期望的行为,它们就会成为一种危险的心理武器。

希拉里曾被指控使用"超级掠夺者"这个术语来描述年轻的非洲裔美国人。许多人认为,唐纳德·特朗普之所以能够在选举之夜减少黑人的投票数量,就是因为他的竞选团队通过社交媒体,用希拉里·克林顿谈论"超级掠夺者"的视频,有针对性地对黑人选民进行心理影响。黑人选民中,支持希拉里的人数比支持特朗普的人数要多得多，因此，更多的黑人选民在大选之夜选择待在家里而不是外出投票，对特朗普显然更加有利。

操纵人们以特定的方式投票听起来很恶劣，但如果我们仔细想想，我们身边时时刻刻充满着各种各样试图说服我们这样做或那样做的信息。各种经过精心设计的、为我们"量身定制"的广告和信息持续不断地向我们袭来。有人希望我们购买某种款式的牛仔裤或者喝某种软饮料。有人想让我们从现有公司跳槽、支持某项事业，或者启动新的工作机制。我们该在什么地方给广告和操纵划定一条界线？区分两者的唯一因素是算法的强大程度，对不对？

假新闻！

2016年的美国总统大选产生了许多假新闻，它们通常是由宣传网站一手炮制，然后经过社交媒体传播的。

一些新闻网站带有某种政治倾向，它们的报道或多或少地"戴着有色眼镜"。但我们发现，在2016年的选举中，有些媒体为了达到混淆视听的目的，炮制了一连串完全虚构的新闻故事。

假新闻的目的，就是要捏造出不同于传统新闻媒体所呈现的现实。外部数据洞察也可能会遇上虚假的数字面包屑，因为一些公司也想要混淆视听，用计谋挫败其竞争对手。随着外部数据洞察变得日益广泛，那些虚假的数字面包屑也将变得越发常见，各公司都有可能用它们来隐藏自身的真实意图。这将是制造与辨别虚假数字面包屑的人们之间的一场军备竞赛。这与今天我们看到的制造病毒与制造杀毒软件的人们之间的竞赛十分类似。

新时代的开端

所有的新技术都是为解决之前没有被解决的问题而生,但同时也无意间制造了新的问题。我们又不得不去寻找新的有效的方案来解决新问题,外部数据洞察也不例外。

上面讲到的三个问题,全都是令人关切的重要方面。虽然我没有找到可行的解决方案,但还是希望大家对这些问题提高警觉。当我们争相执行外部数据洞察的解决方案时,也要对那些将会出现的道德问题保持警觉,并且想办法解决它们。只有这样,我们才能真正地收获外部数据洞察给我们带来的所有好处。

第 17 章 洞悉外部数据，我们会得到什么？

我们生活在被数据淹没的世界中。我们相互之间的交往以及与周边环境的交互，越来越多地通过数字手段来进行，比如手机、网络浏览器、电子邮件账户、社交媒体账户以及即时通信 App 等。我们越多地使用数字方式，产生的数据就会越多。无论是个人还是公司，我们都留下了数字面包屑。

在这本书中，我们探讨了当前这些数字面包屑是如何被我们忽略的，还讨论了这为什么是一个巨大的机会，也探讨了对数字面包屑进行分析可以怎样使董事会、高管、营销人员、产品研发者、风险管理人员和投资者受益。

尽管外部数据洞察当前仍是发展雏形，但我们绝不能低估它的重要性。愿意使用外部数据洞察的公司将在决策时具有信息优势，久而久之，它们的业绩会胜过那些不欢迎外部数据洞察的公司。出于这一原因，外部数据洞察将成为所有业务部门主管手中必不可少的核心工具。

ERP、客户关系管理、商业情报以及企业资源规划等系统在各公司中的应用，将现代企业管理塑造成一种严谨的数据驱动的实践。而外部数据洞察在各公司中的应用，也将产生同样的效果。随着技术与软件行业的发展,我们将从开放的互联网中获取更多宝贵的洞察,外部数据洞察也会像商业情报和客户管理系统那样常见,并且迅速变成下一代"管理工具箱"中最重要的工具之一。

运用外部数据洞察,将戏剧性地改变公司的管理与经营方式。它将使董事会会议室变得更加透明,使决策从反应式转变成前瞻式,同时使高管们将关注焦点从公司运营效率转移到整个行业发展趋势。

董事会能够掌握更多信息

董事会成员常常难以充分了解企业的运营情况,不得不借助公司各部门呈报给管理层的报告。虽然报告的内容都得到了数据与分析结果的支持,但这些数据与分析结果,不可避免地会受到各部门主管个人主观判断的影响。

通过整合外部数据洞察,人们可以根据第三方数据来评估公司的业绩。借助与业界同行进行一对一的对比,人们可以了解公司的发展状况,而不必依赖主管们的报告和主观判断。

将外部数据洞察带入董事会中,董事会便能从多个重要的前瞻维度来确定公司与竞争对手的情况。这不可避免地改变董事会会议中的讨论。董事会的与会者与其花时间了解历史数据,不如评估一些战略性的问题。比如,我们在网络上的品牌规模如何?在网民中产生了什么样的情绪?和竞争对手相比,这是朝好的方向发展还是朝不好的方向发展？哪些公司的客户最满意？最近12个月，客户满意度的趋势是怎样的？我们在销售与营销中投入了多少资金？我们的投资水平到底比行业平均水平高还是低？

尽管类似这样的分析绝不能替代管理报告，但能使董事会成员洞悉整个行业的趋势。将外部数据洞察引入董事会中，可以给各位董事提供宝贵的信息背景，使他们可以解读管理报告并积极参与董事会中建设性的讨论。

在董事会会议闭会期间，与会人员可以访问实时的外部数据洞察资料，以便随时掌握行业的最新动态。

公司决策将彻底转向前瞻式

今天的企业活动十分依赖财务状况等内部数据，但根据历史的财务数据决策，是一种反应式的经营方法。公司的财务状况是过去发生的投资与经营活动的最终结果。研究财务状况，就是在研究历史事件发生之后的情况。

公司未来的结果体现在它保持现有业务和参与新的竞争的能力上。因此，公司竞争能力的核心在于深入理解市场中竞争动态的变化。

运用外部数据洞察，可以实时察觉竞争格局中的变化。外部数据洞察提供了许多前瞻性信息，涉及公司竞争力将会如何发展的诸多线索。客户满意度、广告支出以及招聘广告等，都是这些信息的例子。客户满意度可以实时分析，其趋势能够预示未来的客户流失率或新客户增长。如果竞争对手在增加广告投入，则预示着将来的竞争压力会加大。招聘广告是投资的早期信号，从中可以了解竞争对手是投资于销售还是投资于产品研发。

从分析内部数据转向洞悉外部数据，是从反应式决策范例向前瞻式决策范例的转变。我们要用反映了竞争格局中新的威胁与机遇的实时分析来替代财务状况等滞后的绩效指标。只有前瞻并果断地应对不断变化的市场情况，才能确保长期的可持续的成功。

行业动态会成为公司的关注焦点

内部数据是关于你自己的公司的。把关注焦点放在内部数据上，将培育一种着眼内部运营效率的文化。运用外部数据，可以摒弃只盯着运营的狭隘视角，从而着眼于了解整个行业的发展进程。

外部数据洞察强调熟练地掌握外部市场行情，这并不一定与聚焦于运营效率相冲突。准备充分的公司通常能够发挥它们的优势，实现较高的运营效率。但如果外部市场的变化让公司的地位岌岌可危，即使内部运营得再好也无济于事。外部因素始终都应该是公司的核心议题，而这正是外部数据洞察能让我们做到的。

采用外部数据洞察的方法，实际上是承认公司的未来不只取决于内部因素，更取决于更广泛的生态系统。公司受到大量的外部因素影响，高管们需要深入了解这些因素，以便对公司所在的整个行业的情况了如指掌，并成功地把握公司前行的方向。

外部数据洞察：了解外部世界的窗口

从近期和中期来看，外部数据洞察的积极影响是极其简单的。高管们将能够作出更有见地的决策，因为新的类型的数据将被包含到决策过程之中。通过了解外部因素中的实时发展趋势，高管们还将对市场中的变化反应得更加迅速。

从长期来看，外部数据洞察的影响将深刻得多，而且再怎么夸大都不为过。有三种宏观的趋势推动这一发展：基于云端的计算能力的指数级增长、人工智能的指数级发展以及外部数据的指数级增多。这三种宏观趋势结合起来，会让以后的外部数据洞察软件具有惊人的能力。

将来，高管的职责将会与他们今天的职责迥然不同。决策不再基于数据点，而是对未来结果进行预测。这些预测是在人工智能、博弈论和场景分析的帮助下作出的。

将来，巨大的计算能力和强大的人工智能将给予高管强力支持。计算机集群会负责处理关于竞争对手以及生态系统中其他参与者的历史情报和实时情报，任何一项可能的决策都将得到大型计算机集群的分析，并按照概率的大小——列举出竞争对手可能的对抗行动，并且按照相应的积极与消极后果进行评估。

到这个时刻，数据分析将是完全自动化的。外部数据洞察的软件将成为感应外部世界的窗口，而内部的 ERP 系统将成为收益与亏损的反馈环。由人工智能组成的外部数据洞察的思维，将是场景分析主管、高管、董事会和投资人不得不参考的神谕。

新的技术，新的问题

世界朝着数字化的道路继续前进，机器变得越来越智能，数据科学变得越来越先进，外部数据洞察将深刻影响并彻底改变我们思考公司战略与决策的方式。

外部数据洞察具有彻底改造公司的管理与运营方式的潜力。外部数据洞察具有彻底改变成功的企业高管需具备的要素的潜力。

在洞悉了外部数据之后，公司不再是以前的公司。

是时候跨入新时代的前沿了。

是时候迎接这种改变了。

OUTSIDE INSIGHT 致谢

如果没有许多人一如既往的帮助与支持,这本书绝不可能问世。我首先必须感谢我的编辑们,他们是来自企鹅兰登书屋(Penguin Random House)的丹尼尔·克鲁(Daniel Crewe)和基思·泰勒(Keith Taylor)。感谢你们所有的支持。我十分感激你们对我这个需要同时进行多项任务的企业家保持极大耐心。

如果没有艾伦·刘易斯(Elen Lewis)和格雷格·威廉斯(Greg Williams)充满关爱的帮助与贡献,这本书最多也只是一个想法而已。你们的工作如此努力,将一个个案例研究生动地展示出来,同时,在我写书时经历第一次情绪的大起大落时,你们一直在旁边指导我。从第一天开始,你们就是我真正的合作伙伴,我再怎么感谢你们都不为过。

外部数据洞察团队的关键成员都十分优秀,他们有的忙于编辑手稿和插图,有的从事封面设计,有的运营网站和辅助的 App,还有人帮忙宣传推广。在娜塔莎·尼萨尔(Natasha Nissar)和西娅·索科洛夫斯基(Thea Sokolowski)的监督之下,出版这本书的任务一直在以军事化标准严格执行。娜塔莎是我多年来最亲密的同事之一,她总是能够在不失冷静的情况下平衡好纷繁复杂的工作任务，说实话，这种能力使我感到惊讶。你是如此令人惊叹和优雅，而且每天都胸怀大志，谢谢你！在任务的后半部分，西娅·索科洛夫斯基走起路来都风风火火，按时保质做好了所有事情，没有出半点差池。谢谢尼克·阿科斯塔（Nick Acosta）创作的美丽插图。谢谢乌苏拉·特蕾芭（Ursula Tereba）开展的所有研究工作。感谢卡米·安吉雷（Camy Anguile）总在我们背后默默地支持和管理。

融文实验室的团队也作出了很大贡献。在查德·哈姆雷（Chad Hamre）和罗伯特·莱德福尔克（Robert Rydefalk）的带领下，他们不知疲倦地工作，研发了融文集团的第一个应用程序。说到这本书的宣传推广，我深深感激马特·迈克尔森（Matt Michelsen），他是团队中最宽宏大量和最乐于助人的成员。我的合伙人维多利亚·海恩斯（Victoria Haynes）一直都不是外部数据洞察团队的正式成员，但从第一天起，他就是我最重要的支持者和顾问。谢谢你，维多利亚，感谢你在无数个黄昏、周末和假日从不间断地鼓励和支持我。

很多人看过我早期的手稿后，向我提出了宝贵意见，这是对我莫大的支持。感谢你们付出的宝贵时间和给予的珍贵反馈。我要感谢以下这些人，排名不分先后：达格·奥泊达尔（Dag Opdal）、哈拉尔德·伯格（Harald Berg）、雷纳·盖沃里克（Rainer Gawlick）、哈拉尔德·米克斯（Harald Mix）、马特·布罗杰特（Matt Blodgett）、文森特·库文霍温（Vincent Kouvenhowen）、马特·迈克尔森、布莱恩·弗林（Brian Flynn）、亚当·杰克逊（Adam Jackson）、克里斯·里杰斯特（Chris Regester）、阿杰伊·卡里（Ajay Khari）、安迪·安（Andy Ann）、查德·哈姆雷、罗伯特·莱德福尔克、尼克·库奇（Nick Couch）、阿凡·巴特（Affan Butt）、杰夫·爱泼斯坦（Jeff Epstein）、加里·布里格斯（Gary Briggs）、C.S.帕克（C. S. Park）、约翰·伯班克（John Burbank）、乔·朗斯代尔（Joe Lonsdale）、彼得·图法诺（Peter Tufano）、凯西·哈维（Kathy Harvey）、奥利弗·吉尼斯（Oliver Guinness）、金相淳（Sang Kim）、朗希尔德·西尔科塞特（Ragnhild Silkoset）、布莱恩·赛斯（Brian Seth）、吉姆·戴维森（Jim Davidson）以及拉里·桑希尼（Larry Sonsini）。

最后，我还要借此机会感谢我在融文集团的同事们。回顾加尔·豪根（Gard Haugen）和我共同创办这家企业,再后来延斯·培特（Jens Petter）加盟进来的情景，我们的条件十分简陋，而且我发现，尽管我们没什么可展示的，但有许许多多卓越人士决定加入我们的队伍，这真是令人震惊。谢谢你们，融文集团过去和现在的每一位员工，谢谢你们坚信这家小规模的挪威初创公司，也感谢你们付出的所有努力和作出的巨大贡献。

我要特别感谢融文集团的老员工帕尔·拉尔森（Paal Larsen）、尼克拉斯·德·贝斯科（Niklas de Besche）、卡韦赫·罗斯塔姆波尔（Kaveh Rostampor）、约翰·博克斯（John Box）、迈克·鲁杰里（Mike Ruggieri）、玛蒂·赫尔南德斯（Marty

Hernandez)、乔纳斯·奥珀达尔（Jonas Oppedal）、汉娜·奥奎斯特（Hanna Orquist）、凯文·洛伦茨（Kevin Lorenz）和米丽娅姆·恩格布雷斯腾（Mirjam Engebretsen）。

这本书的灵感，来自我们所有人勤奋工作、刻苦学习以及心怀的梦想。我们共同经历了这段不可思议的旅程，我无限感激你们。你们是我最好的同事。和你们在一起的时间，是我最美好的时光。我永远对你们深怀感激。

OUTSIDE INSIGHT 资料来源

前言

1.Jordan Novet, 'Apple Has Laid off All of Its Contract Recruiters, Source Says', VentureBeat, 25 Apr. 2016.

2. Emil Protalinski, 'Apple Sees IPhone Sales Fall for the First Time: Down 16.3% to 51.2 Million in Q2 2016', VentureBeat, 26 Apr. 2016.

第 1 章 巨大的商业情报库：数字面包屑

1.Owen Mundy, 'About "I Know Where Your Cat Lives" ', iknowwhereyourcatlives.com/about.

2.Kimberlee Morrison, 'How Many Photos Are Uploaded to Snapchat Every Second?', Adweek, 9.June 2015.

3.Mary Meeker, '2016 Internet Trends', Kleiner Perkins Caufield Byers, 1 June 2016.

4.Worldometers' RTS Algorithm. 'Twitter Usage Statistics', Twitter Usage Statistics. Internet Live Stats, n.d. <http://www.internetlivestats.com/twitter-statistics/>.

5.Kit Smith, '47 Incredible Facebook Statistics and Facts for 2016', Brandwatch, 12 May 2016. <https://www.brandwatch.com/blog/47- facebook-statistics-2016/>.

6.Kyle Brigham, '10 Facts About YouTube That Will Blow Your Mind', Linkedin Pulse, 26 Feb. 2015. <https://www.linkedin.com/pulse/10- facts-youtube-blow-your-mind-

kyle-brigham>

7.Chester Jesus Soria, 'NYPD Bust Alleged Gang Rivalry between Harlem Housing Projects', NY Metro, 4 June 2014.

8.Cyrus R. Vance Jr, 'District Attorney Vance and Police Commissioner Bratton Announce Largest Indicted Gang Case in NYC History', The New York County District Attorney's Office, 4 June 2014.

9.Alice Speri, 'The Kids Arrested in the Largest Gang Bust in NYC History Got Caught Because of Facebook', VICENews, 5 June 2014.

10.'US Digital Display Ad Spending to Surpass Search Ad Spending in 2016', eMarketer, 11 Jan. 2016. <https://www.emarketer.com/Article/US- Digital-Display- Ad-Spending-Surpass-Search-Ad- Spending-2016/1013442>.

11.'AAPL Historical Prices/Apple Inc. Stock: 1987–1998', Yahoo! Finance.

12.Dawn Kawamoto, 'Microsoft to Invest $150 Million in Apple', CNET, 6 Jan. 2009.

13.Verne Kopytoff, 'Apple: The First $700 Billion Company.' Fortune, 10 Feb. 2015. <http://fortune.com/2015/02/10/Apple-the-first-700-billion-company/>.

第 2 章 数据驱动的决策仍有局限

1.'ORCL Annual Income Statement', Annual Financials for Oracle Corp., MarketWatch. <http://www.marketwatch.com/investing/stock/orcl/financials>.

2.William Brown and Frank Nasuti, 'What ERP Systems Can Tell Us about Sarbanes-Oxley'. Information Management & Computer Security, 13.4: 311–27. doi: 10.1108/09685220510614434.

3.'Gartner Says Worldwide IT Spending Is Forecast to Grow 0.6 Percent in 2016', Gartner, 18 Jan. 2016. <http://www.gartner.com/newsroom/id/3186517>.

4.'Q4 FY16 SaaS and PaaS Revenues Were Up 66 %, and Up 68 % in Constant Currency', Oracle Financial News, 16 June 2016. <http://investor.oracle.com/financial-news/financial-news-details/2016/Q4-FY16-SaaS-and-PaaSRevenues-Were- Up- 66- and- Up- 68- in- Constant-Currency/default.aspx>.

5.Babson College, 'Welcome from the Dean'. <https://www.cnbc.com/2014/06/04/15-years-to-extinction-sp-500-companies.html>, accessed 24 January 2014.

6.Jacquie McNish and Sean Silcoff, Losing the Signal: The Untold Story behind the Extraordinary Rise and Spectacular Fall of BlackBerry. New York: Flatiron, 2016.

7.'RIM's (BlackBerry) Market Share 2007–2016, by Quarter', Statista. <https://www.statista.com/statistics/263439/global-market-share-held- by- rim-smartphones/>.

8.Andrea Hopkins and Alastair Sharp, 'RIM CEO Says "Nothing Wrong" with BlackBerry Maker', Reuters, 3 July 2012. <http://www.reuters.com/article/us-rim-ceoidUSBRE8620NL20120703>.

9.Brad Reed, 'BlackBerry Announces Major Job Cuts, Quarterly Net Operating Loss of $1 Billion', BGR Media, 20 Sept. 2013. <http://bgr.com/2013/09/20/blackberrylayoffs-announcement/>.

10.Jacquie McNish and Sean Silcoff, 'The Inside Story of How the iPhone Crippled BlackBerry', Wall Street Journal, 22 May 2015. <https://www.wsj.com/articles/behindtherise-and-fall- of- blackberry-1432311912>.

第 3 章 挖掘外部数据才是着眼未来

1.'RaceTrac Petroleum on the Forbes America's Largest Private Companies List', Forbes, 30 Apr. 2016.

2.'The History of Kodak', Wall Street Journal, 3 Oct. 2011. <https://www.wsj.com/news/articles/SB10001424052970204138204576605042362770666>.

3.Steve Hamm and William C. Symonds, 'Mistakes Made on the Road to Innovation', Bloomberg.com, 26 Nov. 2006. <https://www.bloomberg.com/news/articles/2006-11-26/mistakes-made-on-the-road-to-innovation>.

4.Kamal Munir, 'The Demise of Kodak: Five Reasons', Wall Street Journal, 26 Feb. 2012. <http://blogs.wsj.com/source/2012/02/26/the-demise-of-kodak-five-reasons/>.

5.Sue Zeidler, 'Kodak Sells Online Business to Shutterfly', Reuters, 2 Mar. 2012. <http://www.reuters.com/article/uskodak-shutterfly-idUSTRE8202AY20120302>.

6.M. G. Siegler, 'Burbn's Funding Goes Down Smooth. Baseline, Andreessen Back Stealthy Location Startup', TechCrunch, 5 Mar. 2010.

7.M. G. Siegler, 'Instagram Filters through Suitors to Capture $7 Million in Funding Led by Benchmark', TechCrunch, 2 Feb. 2011.

8.'The Instagram Community – Ten Million and Counting', Instagram, 26 Sept. 2011. <http://blog.instagram.com/post/10692926832/10million>.

9.Bonnie Cha, 'Apple Names Instagram iPhone App of the Year', CNET, 8 Dec. 2011. <https://www.cnet.com/uk/news/Apple-names-instagram-iphone-App-of-the-year/>

10. Alexia Tsotsis, 'Right before Acquisition, Instagram Closed $50M at a $500M Valuation From Sequoia, Thrive, Greylock And Benchmark', TechCrunch, 9 Apr. 2012.

11.Dan Primack, 'Breaking: Facebook Buying Instagram for $1 Billion', Fortune, 9 Apr. 2012. <http://fortune.com/2012/04/09/breaking-facebook-buying-instagramfor-1-billion/>.

12.Kim-Mai Cutler, 'Instagram Reaches 27 Million Registered Users and Says Its Android App Is Nearly Here', TechCrunch, 11 Mar. 2012. <https://techcrunch.com/2012/03/11/instagram-reaches-27-million-registered-users-shows-off-upcoming-android-App/>.

13.Dan Farber, 9 May 2012 3:38 am, BST. 'Zuckerberg Takes Heat for Hoodie on IPO Road Show', CNET, 8 May 2012. <https://www.cnet.com/uk/news/zuckerberg-

takesheat-for-hoodie- on- ipo-road-show/>.

14.Jillian D'Onfro, 'Mark Mahaney: How Facebook Is Taking Over the World', Business Insider, 9 Dec. 2015. <http://uk.businessinsider.com/mark-mahaney-rbc-capital-marketspresentation-on-facebook-2015-12?r=US&IR=T%2F#hereare-the-four-biggest-opportunities-ahead- 9>.

15.Maya Kosoff, 'Here's How Two Analysts Think Instagram Could Be Worth up to $37 Billion', Business Insider,

16.Mar. 2015. <http://uk.businessinsider.com/instagramvaluation-2015-3?r=US&IR=T>.

第 4 章 新的数字时代，新的决策典范

1.'Life Onboard', Volvo Ocean Race Press Zone, 29 Aug. 2014. <http://www.volvooceanrace.com/en/presszone/en/29_Life-onboard.html>.

2.Eugene Platon, 'Volvo Ocean Race 2014–15 Media Report',Issuu, 2 Dec. 2015. <https://issuu.com/eugene _platon/docs/volvo_ocean_race_2014-15_race_repor>.

3.'Worldwide IT Software Spending 2009-2020', Statista. <https://www.statista.com/statistics/203428/total-enterprisesoftware-revenue-forecast/>.

4.'Media Intelligence and Public Relations Information & Software Spend Topped USD2.6 Billion in 2014, Up 7.12%', Burton-Taylor International Consulting, 28 Apr. 2015. <https://burton-taylor.com/media-intelligence-andpublic-relations-information-software-spend-topped-usd2-6-billion-in-2014-up-7-12-3/>.

5.'Number of Registered Hike Messenger Users from February 2014 to January 2016', Statista. <https://www.statista.com/statistics/348738/hike-messenger-registered-users/>.

6.Parmy Olson, 'Facebook Closes $19 Billion WhatsApp Deal', Forbes Magazine,

6 Oct. 2014. <http://www.forbes.com/sites/parmyolson/2014/10/06/facebook-closes- 19-billion-whatsApp-deal/#7a3e843c179e>.

7.Jon Russell, 'India's WhatsApp Rival Hike Raises $175M Led by Tencent at a $1.4B valuation', TechCrunch, 16 Aug. 2016. <https://techcrunch.com/2016/08/16/indiaswhatsApp-rival-hike-raises-175m-led-by-tencent-at-a-1-4b-valuation/>.

第 5 章 外部数据的重要性

1.Michael Lewis and Jonas Karlsson, 'Betting on the Blind Side', Vanity Fair, 24 Sept. 2015. <http://www.vanityfair.com/news/2010/04/wall-street-excerpt-201004>.

2.'The State of the Nation's Housing', Joint Center for Housing Studies of Harvard University. <http://www.jchs.harvard.edu/sites/jchs.harvard.edu/files/son2008.pdf>. See Figure 4, p. 4.

3.Roger C. Altman, 'The Great Crash, 2008', Foreign Affairs, 3 Feb. 2009. <https://www.foreignaffairs.com/articles/united-states/2009-01-01/great-crash-2008>.

4.Steve Blumenthal, 'On My Radar: Global Recession a High Probability', CMG, 20 Nov. 2015. <http://www.cmgwealth.com/ri/on-my-radar-glgh-probability/>.

5.Michael J. Burry, 'I Saw the Crisis Coming. Why Didn't the Fed?' The New York Times, 4 Apr. 2010. <http://www.nytimes.com/2010/04/04/opinion/04burry.html>.

6.Tyler Durden, 'Profiling "The Big Short's" Michael Burry', Zero Hedge, 20 July 2011. <http://www.zerohedge.com/article/profiling-big-shorts-michael-burry>.

7.Robert Peston, 'Northern Rock Gets Bank Bail Out', BBC News, 13 Sept. 2007. <http://news.bbc.co.uk/1/hi/business/6994099.stm>.

8.Paul Sims and Sean Poulter, 'Northern Rock: Businessman Barricades in Branch Manager for Refusing to Give Him £1 Million Savings', Daily Mail, 15 Sept. 2007. <http://www.mailonsunday.co.uk/news/article-481852/Northern-Rock-Businessman-barricades-

branch-managerrefusing- 1- million-savings.html>.

9.David Lawder, 'U.S. Backs Away from Plan to Buy Bad Assets', Reuters, 12 Nov. 2008. <http://www.reuters.com/article/us-financial-paulson-idUSTRE4AB7P820081112>.

10.'JPMorgan Chase and Bear Stearns Announce Amended Merger Agreement and Agreement for JPMorgan Chase to Purchase 39.5% of Bear Stearns', SEC, 24 Mar. 2008. <https://www.sec.gov/Archives/edgar/data/19617/000089882208000320/pressrelease.htm>.

11.'A.I.G.'s $85 Billion Government Bailout', The New York Times, 17 Sept. 2008. <https://dealbook.nytimes.com/2008/09/17/aigs- 85- billion-government-bailout/>.

12.'Case Study: The Collapse of Lehman Brothers', Investopedia, 16 Feb. 2017. <http://www.investopedia.com/articles/economics/09/lehman-brothers-collapse.asp>.

13.Steve Fishman, 'Burning Down His House', New York, 30 Nov. 2008. <http://nymag.com/news/business/52603/>.

14.David Ellis, 'Lehman Posts $2.8 Billion Loss', Cable News Network, 9 June 2008. <http://money.cnn.com/2008/06/09/news/companies/lehman_results/>.

15.Sachab,Lehman Brothers Headquarters New York, June 20,2006.<https://www.flickr.com/photos/sachab/1423748612>.

第 6 章 实时的价值

1.Richard Pallardy and John P. Rafferty, 'Chile Earthquake of 2010', Encyclopædia Britannica, 4 May 2016. <https://www.britannica.com/event/Chile-earthquake- of- 2010>.

2.https://twitter.com/AlarmaSismos.

3. Amanda Coleman, 'A New Type of Emergency Plan', CorpComms, 10 Jan. 2011. <http://www.corpcommsmagazine.co.uk/features/1694-a-new-type-of-emergency-plan>.

4.Dom Phillips, 'Brazil's Mining Tragedy: Was It a Preventable Disaster?', The Guardian, 25 Nov. 2015. <https://wwwtheguardian.com/sustainable-business/2015/nov/25/

brazils-mining-tragedy-dam-preventable-disaster-samarcovale-bhp-billiton>.

5.'Deadly Dam Burst in Brazil Prompts Calls for Stricter Mining Regulations', The Guardian, 10 Nov. 2015. <https://www.theguardian.com/world/2015/nov/10/brazil-damburst-mining-rules>.

6.Duane Stanford, 'Coke Engineers Its Orange Juice – With an Algorithm', Bloomberg, 31 Jan. 2013. <https://www.bloomberg.com/news/articles/2013-01-31/coke-engineers-its-orange-juice-with-an-algorithm>.

7.'Walmart Announces Q4 Underlying EPS of $1.61 and Additional Strategic Investments in People & e-Commerce; Walmart U.S. Comp Sales Increased 1.5 Percent', Walmart Corporate. <http://corporate.walmart.com/_news_/newsarchive/investors/2015/02/19/walmart-announces-q4-underlying-eps-of-161-and-additional-strategic-investmentsin-people-e-commerce-walmart- us- comp-sales-increased-15-percent>.

8.'Data, Data Everywhere', The Economist, 27 Feb. 2010. <http://www.economist.com/node/15557443>.

9.Pascal-Emmanuel Gobry, 'Why Walmart Spent $300 Million on a Social Media Startup', Business Insider, 19 Apr. 2011. <http://www.businessinsider.com/heres-why-walmartspent-300-million- on- a- social-media-startup-2011-4?IR=T>.

10.Flightcompensation.com.

11.Lily Newman, 'Algorithm Improves Airline Arrival Predictions, Erodes Favourite Work Excuse', Gizmodo UK, 7 Apr. 2013. <http://www.gizmodo.co.uk/2013/04/algorithmimproves-airline-arrival-predictions-erodes-favorite-workexcuse/>.

第 7 章 对标：看清你的真实处境

1.Matt Marshall, 'They Did It! YouTube Bought by Google for $1.65B in Less than

Two Years', VentureBeat, 9 Oct. 2006. <http://venturebeat.com/2006/10/09/they-did-ityoutube-gets-bought- by- gooogle-for-165b- in- less-than-twoyears/>.

2.Robert C. Camp, Benchmarking: The Search for Industry Best Practices That Lead to Superior Performance. University Park, IL: Productivity, 2007.

3.Felipe Thomaz, Andrew T. Stephen and Vanitha Swaminathan, 'Using Social Media Monitoring Data to Forecast Online Word- of- Mouth Valence: A Network Autoregressive Approach', Said Business School Research Papers, Sept. 2015. <http://eureka.sbs.ox.ac.uk/5842/1/2015- 15.pdf>.

4.Frances X. Frei and Corey B. Hajim, 'Commerce Bank', Harvard Business School, Case 603-080, December 2002 (revised October 2006). <http://www.hbs.edu/faculty/Pages/item.aspx?num=29457>.

5.United States Postal Service, 'Postal Facts 2015', USPS, 2015. <https://about.usps.com/who- we- are/postal-facts/postalfacts2015.pdf>.

6.Phil Rosenthal, 'A Love Letter: The U.S. Postal Service Delivers under Tough Conditions', Chicago Tribune, 18 Jan. 2015. <http://www.chicagotribune.com/business/columnists/ct-rosenthal-us-mail-post-office-0118-biz-20150117-column.html>.

第 8 章 大数据时代的决策方式

1.Matthew J. Belvedere, 'Caterpillar CEO: Big Misses Reflect "rough Patch" ', CNBC, 22 Oct. 2015. <http://www.cnbc.com/2015/10/22/caterpillar-earnings-revenue-miss-expectation.html>.

2.Kylie Dumble, 'The KPMG Survey of Environmental Reporting: 1997', KPMG, 2014. <https://assets.kpmg.com/content/dam/kpmg/pdf/2014/06/kpmg-surveybusiness-reporting.pdf>.

3.Martin Reeves, Claire Love and Philipp Tillmanns, 'Your Strategy Needs a

Strategy', Harvard Business Review, September 2012.

4.Jim Edwards, 'We Finally Got Some Really Good Data on Just How Much Money Google Makes from YouTube and Google Play', Business Insider, 10 July 2015. <http://uk.businessinsider.com/stats- on- googles-revenues-from-youtube-and-google-play-2015-7?r=US&IR=T>.

第 9 章 如何用外部数据洞察进行营销？

1.'Guinness World Records', Wikipedia, 22 Feb. 2017. <https://en.wikipedia.org/wiki/Guinness_World_Records>.

2.World Bank.

3.CIA World Factbook.

4.'Duck and Run', The Economist, 12 Aug. 2009. <http://www.economist.com/node/14207217>.

5.Sasha Issenberg, 'How Obama Used Big Data to Rally Voters, Part 1', MIT Technolog y Review, 20 Mar. 2014. <https://www.technologyreview.com/s/508836/how-obamaused-big-data- to- rally-voters-part- 1/> .

6.Niall McCarthy, 'How Much Does Money Matter in U.S. Presidential Elections?', Forbes Magazine, 28 July 2016. <http://www.forbes.com/sites/niallmccarthy/2016/07/28/how-much-does-money-matter-in-u-s- presidential-elections-infographic/#6a5f69a97c14>

7.Michael Scherer, 'How Obama's Data Crunchers Helped Him Win', Cable News Network, 7 Nov. 2012. http://edition.cnn.com/2012/11/07/tech/web/obama-campaigntech-team/

8.'2014 State of B2B Procurement Study: Uncovering the Shifting Landscape in B2B Commerce', Accenture, 24 June 2015. <https://www.accenture.com/t20150624T211502__w__/usen/_acnmedia/Accenture/Conversion-Assets/DotCom/Documents/Global/PDF/

Industries_15/Accenture-B2BProcurement-Study.pdf>.

9.Stephen Pulvirent, 'How Daniel Wellington Made a $200 Million Business out of Cheap Watches', Bloomberg, 14 July 2015. <https://www.bloomberg.com/news/articles/2015-07-14/how-daniel-wellington-made-a-200-millionbusiness-out-of- cheap-watches>.

10. Kara Lawson, 'Shareablee Exclusive Series: Daniel Wellington Watches', Shareablee Blog, 8 June 2015. <http://blog.shareablee.com/shareablee-exclusive-series-danielwellington-watches>.

11.James O'Malley, 'How to Get a One Plus One Phone without an Invite', Tech. Digest, 9 Feb. 2015. <http://www.techdigest.tv/2015/02/how-to-get-a-one-plus-one-phone-without- an- invite.html.>.

12.Angela Doland, 'OnePlus: The Startup That Actually Convinced People To Smash Their iPhones', Advertising Age, 10Aug. 2015. <http://adage.com/article/cmo-strategy/oneplusconvinced-people-smash-iphones/299875/>.

13.Patrick Barkham, 'Zip Up, Look Sharp: The OnePiece Roadtested', Guardian, 26 Nov. 2010. <https://www.theguardian.com/lifeandstyle/2010/nov/26/onepiece-mensfashion>.

14.'OnePiece Story & Legacy', OnePiece, n.d. <https://www.onepiece.co.uk/en- gb/onepiece>.

15.https://twitter.com/onepiece/status/536575565567127552.

第 10 章 让客户为你研发产品

1.Jeff Prosise, 'The Netscape Security Breach', PC Magazine, 23 Apr. 1996.

2.'Netscape Announces "Netscape Bugs Bounty" with Release of Netscape Navigator 2.0 Beta', Netscape, 10 Oct. 1995. <http://web.archive.org/web/19970501041756/www101.

netscape.com/newsref/pr/newsrelease48.html>.

3. J. Donald Fernie, 'The Harrison-Maskelyne Affair', American Scientist, Oct. 2003. <https://www.jstor.org/stable/27858269?seq=1#page_scan_tab_contents>.

4. Vlad Savov, 'The Entire History of IPhone vs. Android Summed Up in Two Charts', The Verge, 1 June 2016. <http://www.theverge.com/2016/6/1/11836816/iphone-vs-android-history-charts>.

5. Marion Debruyne, Google Books. London: Kogan Page, 2014.

6. Olivia Solon, 'Fiat Releases Details of First Ever Crowdsourced Car', WIRED, 23 May 2016. <http://www.wired.co.uk/article/fiat-mio>.

7. 'A Global Innovation Jam', IBM, n.d. <http://www-03.ibm.com/ibm/history/ibm100/us/en/icons/innovationjam/>.

8. Richard Bak, The Big Jump: Lindbergh and the Great Atlantic Air Race. Hoboken, NJ: John Wiley & Sons, 2011.

9. 'The Ansari Family', XPRIZE, 19 Apr. 2016. <http://www.xprize.org/about/vision-circle/ansari-family>.

10. David Leonhardt, 'You Want Innovation? Offer a Prize', The New York Times, 30 Jan. 2007. <http://www.nytimes.com/2007/01/31/business/31leonhardt.html>.

11. Alan Boyle, 'Gamers Solve Molecular Puzzle That Baffled Scientists', NBCNews.com, 18 Sept. 2011. <http://www.nbcnews.com/science/science-news/gamers-solvemolecular-puzzle-baffled-scientists-f6c10402813>.

12. 'Two Billion Dollars', Kickstarter, 11 Oct. 2015. <https://www.kickstarter.com/2billion>.

13. Darrell Etherington, 'Pebble Hits Its $500K Kickstarter Target for Pebble Time in Just 17 Minutes', TechCrunch, 24 Feb. 2015. <https://techcrunch.com/2015/02/24/pebblehits-its-500k-kickstarter-target-for-pebble-tim-in-just-17-minutes/>.

第 11 章 风险管理：让数据为企业护航

1.P. D. Darbre, A. Aljarrah, W. R. Miller, N. G. Coldham, M. J. Sauer and G. S. Pope, 'Concentrations of Parabens in Human Breast Tumours', Journal of Applied Toxicolog y, 24.1 (2004): 5–13.

2.'Opinion of the Scientific Committee on Consumer Products on the Safety Evaluation of Parabens', European Commission Health & Consumer Protection Directorate-General, 28 Jan. 2005. <https://ec.europa.eu/health/ph_risk/committees/04_sccp/docs/sccp_o_019.pdf>.

3.'Restricted Substances List Policy – RB', Reckitt Benckiser, n.d. <https://www.rb.com/responsibility/policies-and-reports/restricted-substances-list-policy/>.

4.'Palm Oil', Commodities: Palm Oil. Indonesiainvestments, 2 Feb. 2016.

5.Belinda Arunarwati Margono, Peter V. Potapov, Svetlana Turubanova, Fred Stolle and Matthew C. Hansen, 'Primary Forest Cover Loss in Indonesia over 2000–2012', Nature Climate Change, 4.8 (2014): 730–35.

6.Tim Fernholz, 'What HAppens When Apple Finds a Child Making Your iPhone', Quartz, 7 Mar. 2014. <https://qz.com/183563/what-hAppens-when-Apple-findsa-child-making-your-iphone/>.

7.'HSBC, StanChart to Pay $2.6b US Fines', Financial Express [Dhaka], 12 Dec. 2012. <http://print.thefinancialexpressbd.com/old/index.php?ref=MjBfMTJfMTJfMTJfMV8xXzE1Mjk3Mg>.

8.'HSBC Became Bank to Drug Cartels, Pays Big for Lapses', CNBC, 11 Dec. 2012. <http://www.cnbc.com/id/100303180?view= story& % 24DEVICE % 24=native-android-mobile>.

9.'Starboard Contacted by Suitors for Yahoo Core Biz', CNBC, 6 Jan. 2016. <http://www.cnbc.com/2016/01/06/starboard-values-ceo-contacted- by- potential-buyers- of-yahoo

-core-biz.html?view=story&%24DEVICE%24=native-android-mobile>.

10.Michael J. De La Merced and Vindu Goel, 'Yahoo Agrees to Give 4 Board Seats to Starboard Value', The New YorkTimes, 27 Apr. 2016. <https://www.nytimes.com/2016/04/28/business/dealbook/yahoo-board-starboard.html>.

11.Tom DiChristopher, 'Verizon to Acquire Yahoo in $4.8 Billion Deal', CNBC, 25 July 2016. <http://www.cnbc.com/2016/07/25/verizon- to- acquire-yahoo.html>.

12.Stephen Foley and Jennifer Bissell, 'Corporate Governance: The Resurgent Activist', Financial Times, 22 June 2014.

第 12 章 投资中的外部数据洞察

1.'Akkadian Ventures Closes over $74 Million and Expands Team for Secondary Investing', PR Web, 28 Oct. 2014. <http://www.prweb.com/releases/2014/10/prweb12283611.htm>.

2.Adam Ewing, 'Buyout Fund EQT Starts $632 Million Venture Arm Targeting Europe', Bloomberg, 26 May 2016. <https://www.bloomberg.com/news/articles/2016- 05-26/buyout-fund-eqt-starts-632-million-venture-arm-targeting-europe>.

3.Seshadri Tirunillai and Gerard J. Tellis, 'Does Online Chatter Really Matter? Dynamics of User-Generated Content and Stock Performance', 2011. <http://pubsonline.informs.org/doi/abs/10.1287/mksc.1110.0682?journalCode=mksc>.

4.https://www.winton.com/en/

5.Stephen Taub, 'The 2016 Rich List of the World's TopEarning Hedge Fund Managers', Institutional Investor's Alpha, 10 May 2016. <http://www.institutionalinvestorsalpha.com/Article/3552805/The-2016-Rich-List- of- the-Worlds-Top-Earning-Hedge-Fund-Managers.html>.

6.Richard Rubin and Margaret Collins, 'How an Exclusive Hedge Fund Turbocharged

Its Retirement Plan', Bloomberg, 16 June 2015. <https://www.bloomberg.com/news/articles/2015-06-16/how-an-exclusive-hedge-fund-turbocharged-retirement-plan>.

7.Nathan Vardi, 'America's Richest Hedge Fund Managers In 2016', Forbes Magazine, 4 Oct. 2016. <https://www.forbes.com/sites/nathanvardi/2016/10/04/americas-richest-hedgefund-managers- in- 2016/#6230f9574e2f>.

第 13 章 新的决策工具：外部数据洞察软件

1.Alex Williams, '$45 Billion Later, Larry Ellison Says No Major Acquisitions For Next Few Years', TechCrunch, 2 Oct. 2012.

2.Margaret Kane, 'Oracle Buys PeopleSoft for $10 Billion', CNET, 13 Dec. 2004. <https://www.cnet.com/uk/news/oracle-buys-peoplesoft-for- 10- billion/>.

3.'Oracle Buys NetSuite', Oracle, 28 July 2016. <https://www.oracle.com/corporate/pressrelease/oracle-buys-netsuite-072816.html>.

第 14 章 要解决的难题

1.'New Funding Will Be Used to Expand the Reach of the Predictive Analytics Solution', PRWEB, 9 Mar. 2017. <http://www.wpsdlocal6.com/>.

2.Tomas Kellner, 'Touch Down: GE's Quest to Know When Your Flight Will Land', General Electric, 3 Apr. 2013. <http://www.gereports.com/post/74545138591/touchdown-ges-quest- to- know-when-your-flight/>.

第 15 章 新的数据来源

1.William Harwood, 'NASA Launches $855 Million Landsat Mission', CBS News,

11 Feb. 2013. <http://www.cbsnews.com/news/nasa-launches-855-million-landsatmission/>.

2.Chang-Ran Kim and Kate Holton, 'SoftBank To Buy UKChip Designer ARM in $32 Billion Cash Deal', Reuters, 18 July 2016. <http://www.reuters.com/article/us- arm-holdingsm- a- softbank-group-idUSKCN0ZY03B>.

第 16 章 外部数据洞察带来的问题

1.Dana Milbank, 'No Matter Who Wins the Presidential Election, Nate Silver Was Right', Washington Post, 8 Nov. 2016.

2.Amanda Cox and Josh Katz, 'Presidential Forecast PostMortem', The New York Times, 15 Nov. 2016.

3.Andrew Buncombe, 'AI System That Correctly Predicted Last 3 US Elections Says Donald Trump Will Win', The Independent, 28 Oct. 2016.

4.Hanna Frick, 'Donald Trump Populärast I Sociala Medier', Digitalt. Dagens Media, 8 Nov. 2016. <http://www.dagensmedia.se/medier/digitalt/donald-trump-popularast- i-sociala-medier-6803093>.

5.Sophie Hedestad and Hannes Hultcrantz, 'Meltwater: Så förutsåg vi Brexit', Resumé, 28 June 2016. <https://www.resume.se/nyheter/artiklar/2016/06/28/meltwater- sa-forutsagvi- brexit/>.

6.Bradley Hope, 'Inside Donald Trump's Data Analytics Team on Election Night', Wall Street Journal, 9 Nov. 2016. <https:// www.wsj.com/articles/inside-donald-trumps-data-analytics-team-on-election-night-1478725225>.

7.Hannes Grassegger and Mikael Krogerus, 'The Data That Turned the World Upside Down', Vice Motherboard, 28 Jan. 2017. <https://motherboard.vice.com/en_us/article/how-our-likes-helped-trump-win>.

8.www.politifact.com/truth-o-meter/article/2016/dec/05/how-pizzagate-went-fakenews-real-problem- dc- busin/

9. www.politifact.com/florida/statements/2014/may/08/blog-posting/florida-democrats-just-voted-impose-sharia-lawwom/

10. Ryan Tate, 'Google CEO: Secrets Are for Filthy People', Gawker Media, 4 Dec. 2009. <http://gawker.com/5419271/google-ceo-secrets-are-for-filthy-people>.

11. Kashmir Hill, 'How Target Figured Out a Teen Girl Was Pregnant Before Her Father Did', Forbes, 16 Feb. 2012. <http://www.forbes.com/sites/kashmirhill/2012/02/16/how-target-figured-out- a- teen-girl-was-pregnant-before-her-father-did/#4df94eb134c6>.

中 资 海 派 图 书

[美] 杰夫·斯玛特 兰迪·斯特里特 著

任月园 译

定价：55.00 元

帮你解决当今商界的头号难题——招聘失败

高效的团队从找对人开始

A 级招聘法，将招聘准确率从 50% 提升到 90%

管理大师彼得·德鲁克嫡传弟子经典著作

世界 500 强企业都在用的招聘方法

书中案例被哈佛商学院援引为教学案例

为撰写本书，两位作者采访了 80 多位杰出商界人士，包括 20 多位亿万富翁、30 多名高市值公司 CEO，采访时间共计 1 300 小时。

 ✕ **READING YOUR LIFE**

人与知识的美好链接

近20年来,中资海派陪伴数百万读者在阅读中收获更好的事业、更多的财富、更美满的生活和更和谐的人际关系,拓展他们的视界,见证他们的成长和进步。

现在,我们可以通过电子书、有声书、视频解读和线上线下读书会等更多方式,给你提供更周到的阅读服务。

微信搜一搜:海派阅读

关注**海派阅读**,随时了解更多更全的图书及活动资讯,获取更多优惠惊喜。还可以把你的阅读需求和建议告诉我们,认识更多志同道合的书友。让海派君陪你,在阅读中一起成长。

也可以通过以下方式与我们取得联系:

📱 采购热线:18926056206 / 18926056062 📞 服务热线:0755-25970306

📧 投稿请至:szmiss@126.com 🌐 新浪微博:中资海派图书

更多精彩请访问中资海派官网 www.hpbook.com.cn